带团队一定要会心理学

99%的管理失败源于不懂员工心理

图解漫画

■ 周剑熙——著

万章智库

人民邮电出版社
北京

图书在版编目（CIP）数据

带团队一定要会心理学 ：99%的管理失败源于不懂员工心理 / 周剑熙著. -- 北京 ：人民邮电出版社，2018.12
（万章智库）
ISBN 978-7-115-49797-0

Ⅰ. ①带… Ⅱ. ①周… Ⅲ. ①企业管理－管理心理学 Ⅳ. ①F272-05

中国版本图书馆CIP数据核字(2018)第245285号

内 容 提 要

本书具体阐述了团队管理者如何应用心理学理论了解自己、读懂员工，如何从心理、人性的角度识人、聚人、用人、管人和留人，如何通过掌握团队管理活动中人的行为规律和心理活动，调动员工的积极性和创造性，不断挖掘人的发展潜能和价值，实现团队和个人的“双赢”。本书适合企业管理人员，及对团队管理感兴趣的读者阅读。

◆ 著　　　　周剑熙
　责任编辑　单元花
　责任印制　彭志环
◆ 人民邮电出版社出版发行　　北京市丰台区成寿寺路 11 号
　邮编　100164　　电子邮件　315@ptpress.com.cn
　网址　http://www.ptpress.com.cn
　北京天宇星印刷厂印刷
◆ 开本：880×1230　1/32
　印张：8.5　　　　2018 年 12 月第 1 版
　字数：218 千字　　2025 年 5 月北京第 30 次印刷

定价：49.80 元

读者服务热线：(010)81055488　印装质量热线：(010)81055316
反盗版热线：(010)81055315

如何使用本书

本书的创作旨在为读者解决新生代员工管理问题。为了提高阅读效率，我们建议您重点关注以下阅读工具。

1. 思维导图

我们准备了多张思维导图，作为辅助阅读的工具，可以帮助您系统、深入、快速地了解以下内容：

新生代员工的特点和需求；

传统管理模式的问题；

传统管理模式和新生代员工之间的矛盾点；

新生代团队管理模式的变革和趋势。

2. 问题导入

书中每节都以一个故事情境导入关键问题，可以快速帮您锁定本节要解决的问题。建议您在阅读的同时，反思自身管理中的问题和困难，有针对性地寻找解决办法。

3. 举一反三

书中提供的团队管理技巧仅是抛砖引玉，如果恰好可以直接解决您的实际问题，我们不胜惊喜。同时，我们深知一万个团队有一万种现实问题，但能够真正有效解决自己的团队问题的办法只有一个：举一反三。您深入领悟书中提供的技巧、方法，根据自己的团队的实际情况进行演绎、践行，必有收获。

思维导图

新生代员工的特点和需求

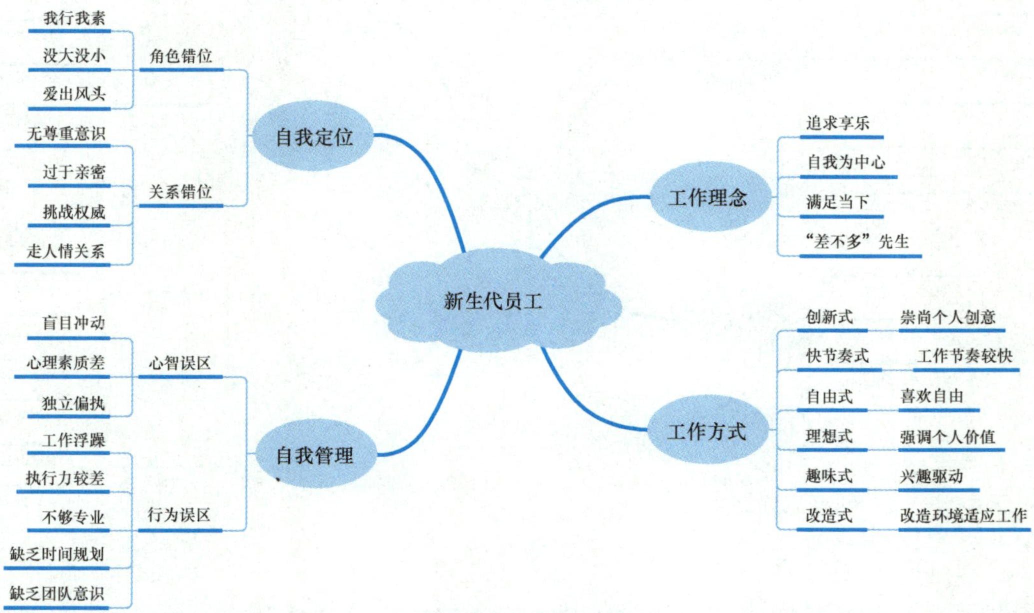

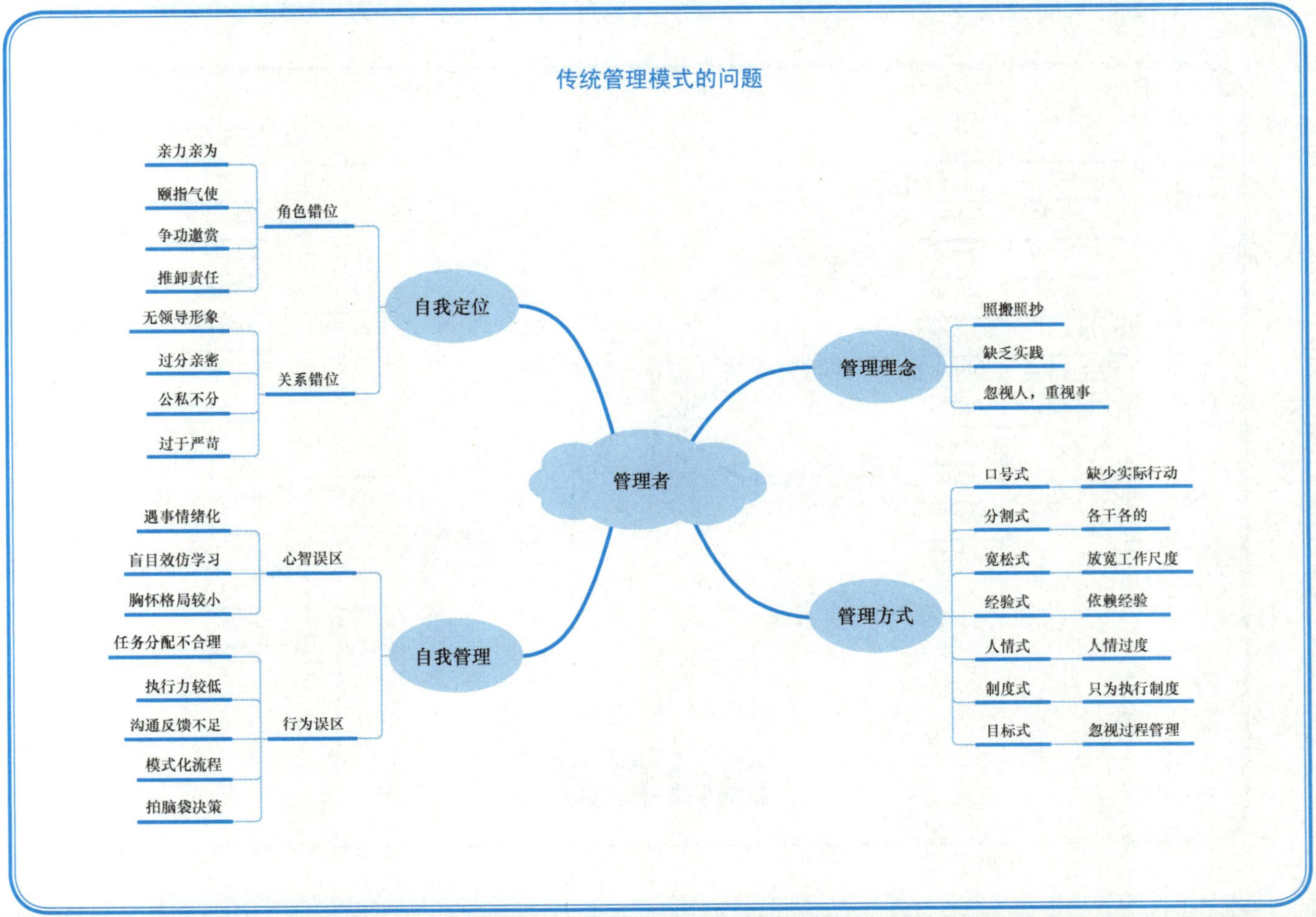
传统管理模式的问题
管理者
自我定位
角色错位
亲力亲为
颐指气使
争功邀赏
推卸责任
关系错位
无领导形象
过分亲密
公私不分
过于严苛
自我管理
心智误区
遇事情绪化
盲目效仿学习
胸怀格局较小
行为误区
任务分配不合理
执行力较低
沟通反馈不足
模式化流程
拍脑袋决策
管理理念
照搬照抄
缺乏实践
忽视人，重视事
管理方式
口号式
缺少实际行动
分割式
各干各的
宽松式
放宽工作尺度
经验式
依赖经验
人情式
人情过度
制度式
只为执行制度
目标式
忽视过程管理

传统管理模式和新生代员工之间的矛盾点

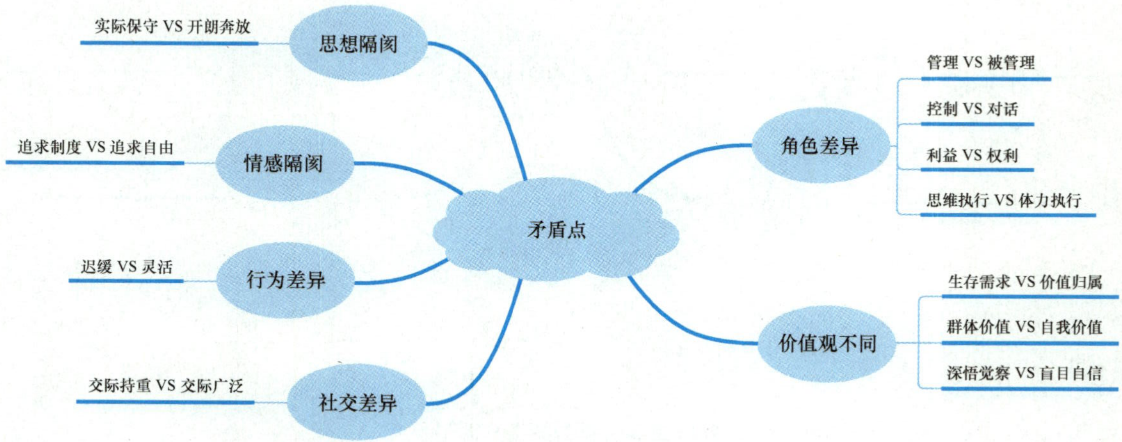

新生代团队管理模式的变革和趋势

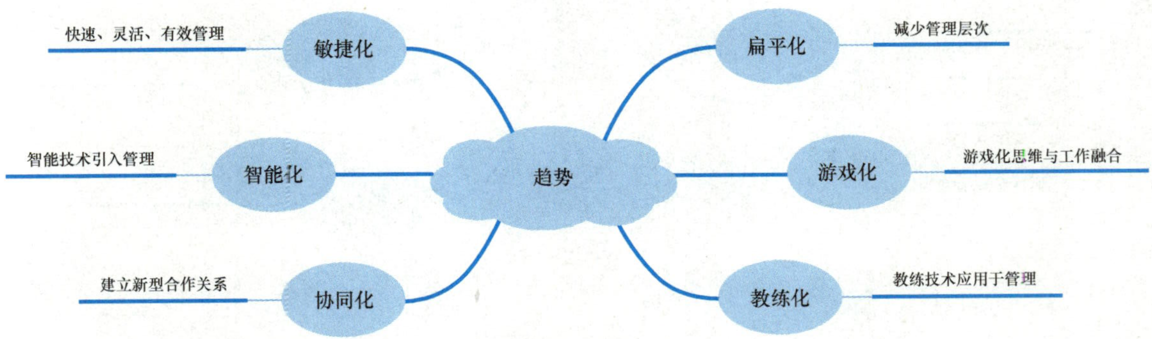

人物介绍

章小万

女，1991年出生，一路从“销售菜鸟”成长为“销售教练”

性格活泼开朗，善于处理人际关系。在工作中，她的适应能力极强，做事积极主动，善于规划，有很强的事业心和企图心。

申总

男，70后，销售副总

性格随和，和下属的关系很好，精明能干，具有很强的创造力，善于授权，能够给予员工充分的支持和帮助。

周总

男，80后，销售经理

性格稳重，为人有点固执，对自己和下属的要求都比较严格，做事严谨、雷厉风行，是个工作狂。

小鑫

男，1993年出生，章小万的同事

小维

女，1992年出生，章小万的同事

小旭

男，1996年出生，章小万的下属

小睿

女，1997年出生，章小万的下属

CONTENTS **目录**

第1章 管理就是一场心理博弈——带团队就是聚人心 1

第2章 员工行为心理学——洞察员工行为背后的心理动机 21

第8章 执行管理心理学——高效执行打造团队战斗力 195

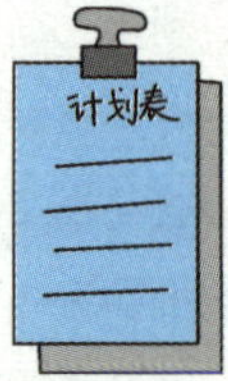

第9章 激励管理心理学——有效激励，人人都是干将 231

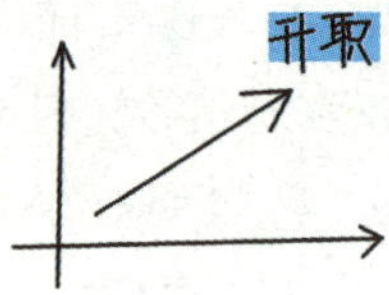

第 1 章

管理就是一场心理博弈——带团队就是聚人心

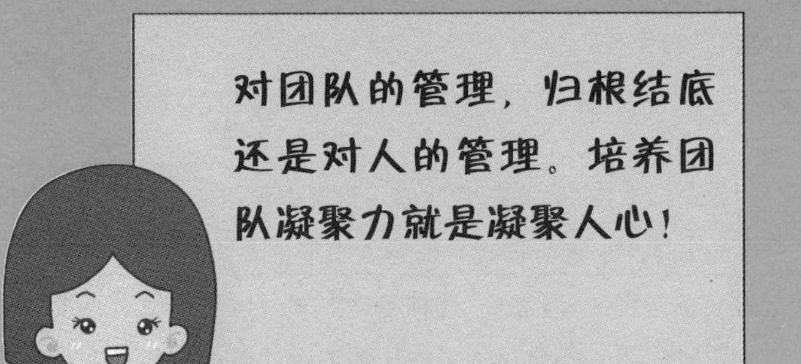

01 不懂心理学，你怎么做管理

章小万应聘了一家自己觉得还不错的公司。然而，刚在销售部实习了不到一个月，她就觉得很烦躁，向朋友抱怨道：“为什么我们领导总是不了解我到底想要什么？”

在传统的管理模式中，大多数管理者将管理理解成“任务”和“纪律”，而忽视了管理的主体——人。因此，在管理工作中，他们为了创造高绩效，使用的管理方式多是报酬和奖励。这种管理方式对以前的员工来说，的确起到了一定的激励作用。但是对追求快乐和幸福的新生代员工而言，他们更需要一个懂他们内心需求的管理者。所以，在新生代员工涌入职场的今天，管理者若不懂管理心理学，将很难做好管理工作。

管理心理学主要是通过探索人的心理活动，了解人的需求和欲望，研究人的行为激励问题，并通过激励行为和心理需求提高工作效率。也就是说，管理心理学可以通过掌握团队管理活动中人的行为规律和心理活动，调动员工的积极性和创造性，不断挖掘人的发展潜能和价值，实现团队和个人的“双赢”。

动机管理：一切行为的出发点和原动力

需要。当人的生理或心理产生不平衡感的时候，需要就诞生了。

驱动力。驱动力是实现目标行为的一种动力，在动机产生过程中处于核心地位。

诱因。诱因可以让个体恢复生理或者心理的不平衡，降低或消除驱动力的影响。

情绪管理：降低员工压力，缓解冲突

激烈的市场竞争和快节奏的生活方式，让新生代员工面对的压力越来越大，导致很多员工无法高效地完成工作，产生这些问题的原因是难以管理情绪。所以，在管理工作中，帮助员工做好情绪管理是必不可少的一项工作。管理心理学研究发现，可以从以下两个方面管理情绪。

扫除消极情绪。对大部分新生代员工而言，最大的压力源于无法表达和调节自己的消极情绪。

调动积极情绪。积极情绪能够增强员工工作的积极性，提高工作效率。

心理学在团队管理中有哪些作用

动机管理

情绪管理

行为管理

团队管理

行为管理：一切管理活动的最终目标

员工行为心理。主要是通过对员工不同行为的心理进行深入剖析，洞察员工行为背后的心理动机，进而全面地满足员工的需求。

领导行为心理。领导是团队的“领头羊”，在团队管理中起主导作用。研究领导行为心理，能够发现并施展领导力，有助于管理工作顺利进行。

团队管理：凝聚人心，培养团队精神

由个体形成的团队特征。分析不同员工的不同特征，进而分析如何管理团队，激发大家的积极性和创造性。

团队层面上的群体心理和行为规律。从团队层面研究团队成员之间的关系、团队文化等问题，让管理者全面认识如何深层次地了解团队需求，进而充分利用团队现有资源提高团队效率。

读懂员工：要赢人心，先懂人心 02

章小万正式入职的第一个月，整个团队为了赶进度都陷入加班的“魔咒”。周总说：“这个项目时间比较紧张，大家坚持一下，做好了会给大家发奖金。”章小万心想：我根本不想加班，也不在乎什么奖金。

西方管理心理学中有一个理论叫“经济人假设”，该理论认为人的本性是追求自身利益的最大化，其工作动机是为了获得经济报酬。长期以来，管理者在对员工的激励上，更多地采用物质手段。但是随着时代的发展和进步，新生代员工的特点逐渐倾向于“社会人假设”——金钱不再是激励他们积极工作的唯一动力，心理需求才是影响其工作积极性的主要因素。所以，他们需要的是一个更“懂”他们的管理者。

许多管理者也想走进员工内心去读懂他们，但是付出各种努力之后发现结果并不理想。为什么会出现这样的情况？答案很简单：你给的不是他们想要的。例如：周总用发奖金的方式鼓励员工加班，这种仅从表面行为“读”员工的做法显然容易将管理者带入误区。懂心理学的管理者会从员工言行表象的蛛丝马迹中“读懂”员工心理层面的问题。

以章小万不想加班为例，章小万不愿加班的背后可能有很多心理层面的原因。

章小万在平时的工作中透露，自己和妈妈住，妈妈每晚都会等自己回家一起吃饭。那么，她不愿意加班可能是想在工作之余多陪陪家人。

章小万和同事私下很少聊到工作，渴望工作和生活的平衡。

领导给的奖金太低，章小万没有加班的动力。

以上这些都有可能是章小万不愿加班的心理原因。但是很多管理者在面对类似的问题时，只看到了章小万表面的不情愿，并没有试着了解深层次的原因。最终导致管理者和员工，因为“不懂”而产生隔阂和矛盾。要想化解这种矛盾，就需要管理者对员工有深入的了解，通过观察员工的言行举止，读懂员工的心。

察言观色：从语言、微表情读懂你的员工

察言：通过员工说话的方式，判断他的情绪状态。通常情况下，情绪低落的人说话比较慢，情绪高的人说话速度比较快。如果平时说话很温柔的人，突然很大声音地说话，说明这件事情带动了他的情绪。具体的情况还需要管理者就当时的语言环境，做出具体的判断。

观色：通过观察员工表情、行为的变化，洞察员工心理层面的想法。

管理者如何才能读懂员工

例如：管理者在和员工沟通时，如果员工皱眉，那么表示员工对话题不感兴趣或比较纠结；如果员工突然挑高右眉，那么表示员工不同意该观点。

深入沟通：了解员工心理层面的想法

从员工感兴趣的话题切入。管理者要想通过沟通的方式与员工拉近距离，切忌一味与员工聊绩效，而是以朋友聊天的方式进行沟通。例如：与员工聊热门的电影、休闲胜地等一些轻松的话题，让员工处于一种放松的状态。

对不同的员工使用不用的沟通方式。管理者要根据员工的性格、习惯等使用不同的语言，和员工保持同频。例如：有的员工说话声音小，比较畏惧和管理者说话，那么管理者也要适当降低音调，并表现出友好的态度，让员工消除紧张、恐惧的情绪。再如：有的员工在和管理者沟通的时候，每句话都带有“领导”这种称谓，说明这个员工对管理者缺乏信任，这就需要管理者放低姿态，营造一个和谐的沟通氛围，消除不信任。

03 赢得追随：表达自我，获得认同

公司开月末总结会，团队业绩不好，周总非常生气："这个月的业绩你们也都看到了，我希望下个月你们都能按照我说的做。如果下个月的业绩再这样，就请大家另谋高就！"

认同是指组织对目标的认同而产生的一种心理状态。这种心理状态能让人对组织或管理者产生肯定的情感，从而成为实现目标的一种驱动力，能够让管理者赢得员工的追随。绝大多数管理者无法赢得员工的追随的根本原因就在于管理者没有友好、全面地表达自我，没有让员工建立"心理认同"。特别是对新生代员工来说，能力和权力并不能征服他们，唯有"心理认同"才能让他们衷心追随管理者。

通常情况下，管理者之所以无法获得员工的认同，是因为在自我表达中存在以下问题。

表达方式不同频。例如：管理者喜欢的沟通方式是面对面的会议，而新生代员工追求更便捷的沟通方式，如网络会议。显然，两者之间的沟通方式存在差异，导致管理者在自我表达时难以与员工同频。

表达态度不坦诚。多数管理者在表达行为上存在固执、偏见以及独断专行的情况。例如：当管理者表达的内容得不到员工认同时，管理者依然坚持自己的想法，不接受员工的任何意见和建议。

表达内容不清晰。很多时候管理者喜欢按照自己的方式表达，不在意员工能不能听懂。而对于这种模糊不清、难以理解的内容，员工自然不能认同。

表达态度：尊重、坦诚、主动

尊重：管理者在表达自我的时候，一定要充分尊重员工。例如：在交谈时不要一直说个不停，要时刻关注员工的反应、听取员工的意见。

坦诚：唯有坦诚地表达，才能真正打动一个人。因此，管理者在表达自我时，切忌为了顾及面子而说一些冠冕堂皇的话，必须实事求是，坦诚

如何自我表达，获得员工认同

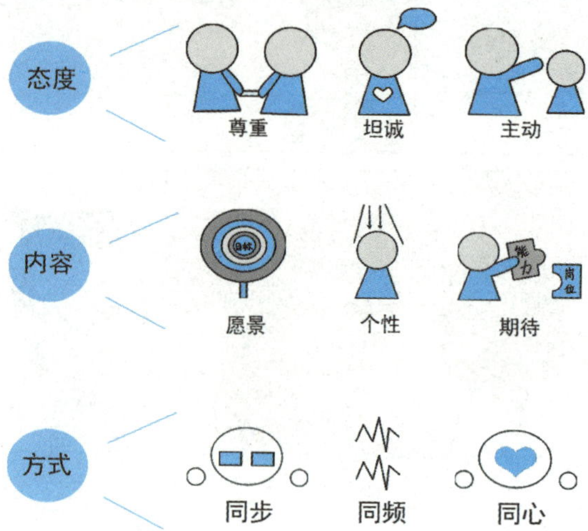

表达。

主动：为了拉近与员工的距离，获得员工的认同，管理者应该主动向员工表达。例如：针对工作中的问题，主动向员工表达自己的想法。

表达内容：愿景、个性、期待

愿景。愿景包括个人愿景和团队愿景，是个人以及团队未来发展的方向和目标。很多管理者在表达时，容易强调团队愿景而忽视员工的个人愿景，导致员工不认同。因此，管理者在表达时需要注重员工的个人愿景，实现员工个人和团队的“共赢”。

个性。表达方式是管理者获得员工追随的一大关键。针对有个性的新生代员工，管理者在表达自我时也应该个性化、多样化。

期待。在期待的表达上，管理者要着重于对自身的期待、对员工的期待以及对团队整体的期待，要具体体现在能力和表现上面，让员工能知道自己应该朝着哪个方向努力。

表达方式：同步、同频、同心

同步。同步就是要求管理者做到换位思考、将心比心，要注意表达的时机、场合和员工的情绪。最重要的是管理者注意语言和行为的表达，防止对员工心理造成伤害。

同频。同频就是要求管理者尽可能让自己和员工处于同一个频道，即思想能成功对接。简单来说，就是以员工感兴趣的方式，表达出你想表达的内容，以此获得员工的认同。

同心。在表达时，管理者要做到求同存异，尽可能地做到以认同换取认同。例如：管理者希望员工能成为出色的建筑设计师，而员工希望自己成为工程造价师，但无论是建筑设计师，还是工程造价师，都需要先从施工员或资料员做起。这就是“求同存异”，这能有效避免双方的冲突，让员工更认可管理者的做法。

04 识人育人：如何把平凡人培养成将才

上班的时候，章小万发现小鑫在写辞职信。章小万有些惊讶地问："你不是才来不久吗？为什么要辞职？"小鑫无奈地答道："当初我来应聘的是后勤管理岗位，周总却安排我做销售，我没做过销售，怕做不好，还不如早点辞职，另谋生路。"

"将才"，是指能力强、能够独当一面或具有管理能力的人才，他们对团队的发展起着至关重要的作用。但是很多管理者常抱怨：招聘进来的只是"人"，而非"人才"。事实上，并不是因为新员工没有才能，而是管理者本身不具备识人、育人的能力。很多职场人，如小鑫，明明能力很强，却被领导安排做自己不擅长的工作，难以发挥自己最大的优势、获得快速成长。这时候，就需要管理者洞察员工，发现员工潜力，并将其安排在合适的岗位上，通过专业的培训，让其潜能得到有效发挥。

管理者需要具备敏锐的洞察力，对员工进行缜密的判断和分析，将人才放在合适的岗位上，做到"各司其职，各尽其责"。

识别人才：发现每个人的潜能

观察了解识别。管理者通过观察员工在日常工作中的表现进行识别。这种识别方法的成本低，但是需要安排员工尝试不同的工作，时间成本较高。

情景模拟识别。管理者设置一个或多个情景任务，让员工逐个完成任务。管理者可以根据员工解决任务的方式、任务完成的结果以及其他表现识别员工的潜能。这种方法的优点是能尽快识别员工的潜能，耗时低，但是需要花费大量的精力及成本构建模拟场景。

非常规状态识别。员工在常规状态下，很难有突出的表现。因此，管理者可以通过非常规的方法识别人才。例如：通过员工看的书籍、交往的朋友等，对员工进行大致的识别。不过这种方法不要涉及员工的隐私。

如何将平凡人培养成为将才

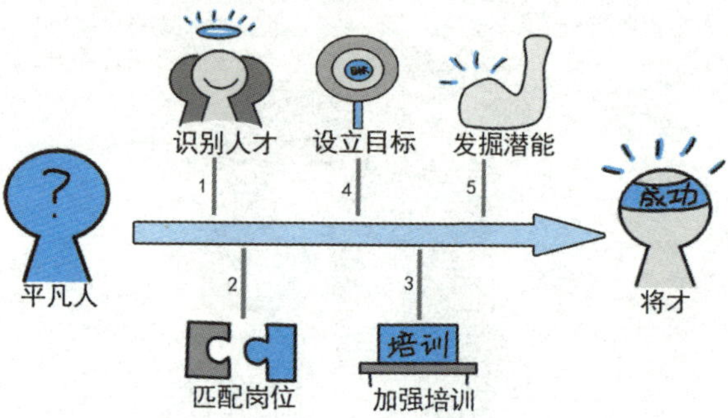

培育人才：发挥员工的优势

岗位适配。最好的培育方式就是将人才放在合适的岗位上。一旦做到岗位适配，员工会因为自身的能力优势，自发地完成工作任务。

培训管理。很多时候员工的能力虽然和岗位匹配，但是因为对自身能力的认识不清，而无法发挥自己的优势。这时候就需要借助外部力量，如岗位培训和心理辅导，激发员工的潜能，让员工找到施展能力的方式。

设定成长目标。从心理学的角度来看，人需要目标才能有动力，才能最大限度地发挥自己的优势。因此，管理者需要帮助员工设定成长目标，促使员工进一步开发潜力，最终成为“将才”。

05 用人管人：如何让团队自动自发地完成任务

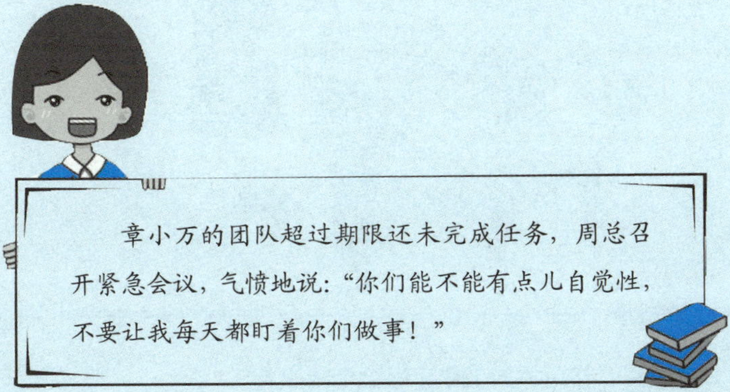

在管理工作中，最令管理者头疼的问题就是，需要时刻紧盯着员工，他们才能高效地完成任务。因此，对大多数的管理者而言，团队能够自动自发地完成任务，成了他们最高的期许，但是实际情况并不乐观。管理者每次下达任务之后，总会有员工对任务的分配不满意，团队也总是需要管理者监督催促才能完成任务。尤其对新生代员工来说，他们的工作方式随意、随心，如果管理者做不到时刻监督，就会出现工作效率低下的状况。

究其原因，在于管理者不懂得如何更好地用人、管人。

那么如何让团队自动自发地完成任务？美国社会心理学家戴维·麦克利兰（David C. Mcclelland）提出了“成就需要理论”。该理论指出人类的许多需要都不是生理性的，而是社会性的。所以仅从物质上满足员工，并不能让员工自发自动地完成任务，还需要从权力、成就等方面满足员工的心理需求。

知人善任：将合适的工作分配给合适的人

知人："用人"的前提是"知人"，即管理者要全面认识自己的员工。例如：每个员工的优势是什么，有哪些不足，适合做什么样的工作，有哪些方面的需求，等等。这些对管理者来说都是必须了解、掌握的。否则一旦安排员工做他不喜欢、不擅长的工作，员工必然会产生抗拒心理，最终会拖延，导致效率下降。

善任：通过对员工的了解，给员工安排合适的工作任务。例如：好孩子集团的职业经理人宋郑还曾将慢性子的人从生产线上调到包装线上上，大大提高了包装的合格率。

适当授权：给员工一定范围内的自由

明确授权。既然给予员工一定范围内的自由，那么管理者就应当让员工明确这个范围到底有多大。授权不明确，等于没有授权。

个性授权。管理者在授权的时候要根据每个人的能力不同、任务划分的不同进行个性化授权。例如：对能力不是很突出的人，应当采取制约授

管理者如何让团队自动自发完成任务

给员工安排合适的任务

给予员工一定范围的自主权

权的方式，给予其部分权力；对工作掌握不熟练、不全面的员工，应当采取弹性授权；对能力强、能够独立完成任务的员工，管理者应当给予其充分的授权，即完全放权。

信任授权。要想让员工自动自发地完成任务，管理者在进行授权的时候应当充分信任被授权者，相信他们有能力做好这件事。例如：当员工工作陷入困境的时候，管理者不会轻易中途换将。

灵活分配：选择你喜欢的工作

让员工自主设定目标。从心理学层面来看，人们喜欢自主选择，对于被动的选择会有一定的抗拒心理。因此，团队员工自动自发完成任务的最好方法就是让员工自己设定目标。例如：管理者可以将任务进行划分，员工自主认领任务。

自主成立项目小组。员工可以选择和自己喜欢的同事组成项目小组，一起协作完成任务。这样不仅能够互相监督、提高工作效率，还能促进团队协作。

06 聚人留人：打造强大的团队凝聚力

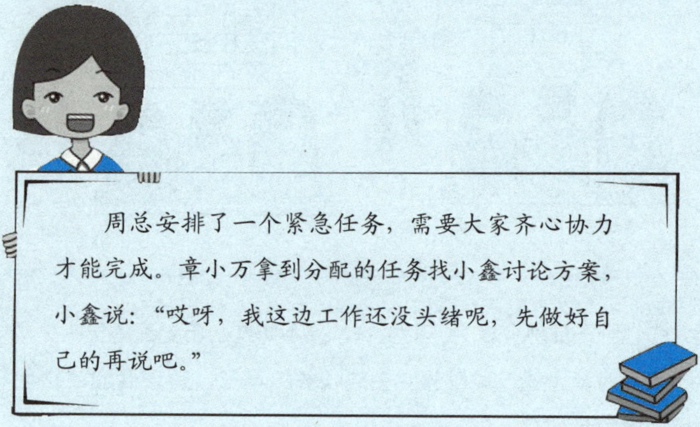

凝聚力不强的团队就像一盘散沙，经不起风吹雨打，在遇到问题的时候，大家只顾着自己的利益，根本不会在意整个团队的发展。久而久之，团队就会丧失竞争力和吸引力，难以聚集人才、留住人才。

美国心理学家勒温（Lewin）曾提出“团体动力学”理论，说明团体成员之间各种力量相互依存和相互作用的关系，认为团队不是简单的个体之和，而是大于个体的总和，这种强大的力量就是凝聚力。所以，聚人、留人的关键是团队要具备强大的凝聚力。

然而，多数管理者在打造团队凝聚力的时候，只停留在表面。例如：让大家一起协同完成工作任务，这样做依然难以让员工真正凝聚在一起，共同为创造团队绩效而努力。真正的团队凝聚力，凝聚的应是员工的心。

树立明确的团队目标

在确定团队目标的时候，管理者需要遵循 SMART 原则。目标要明确具体，是可以被衡量的，是通过努力就可以实现的。

团队成员能够清楚描述目标并愿意投入其中。如果制定出来的目标使员工疑惑或无法从中找到自己的位置，那么这个目标就是不明确的，员工也不会自愿投入精力去实现目标，也就无法打造强大的团队凝聚力。

建立相互信任的关系

言行一致。管理者只有做到言行一致，才会让员工愿意与之建立信任关系。所以，管理者承诺员工的事情一定要做到，没有做到也要向员工说明原因。

信任员工。管理者信任员工是对员工最大的肯定，能给员工带来工作动力。例如：在和员工沟通的过程中，坦诚地说出自己的想法，或者在员

如何打造强大的团队凝聚力

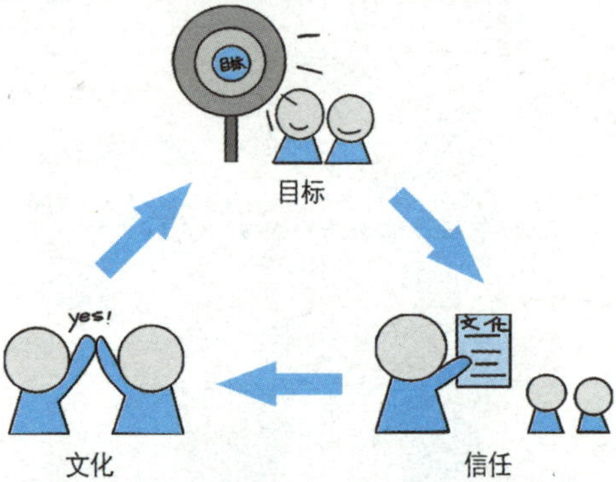

一旦方向和标准统一，团队成员自然会凝聚在一起

工进行某项工作时，少干预，多鼓励。

建立统一的团队文化

建立完整的规则制度。完整的规则制度决定着团队文化的建设以及发展。例如：明确的岗位职责、员工的奖惩措施、权力的限定范围等，这些都决定了团队及个人未来的发展方向和标准。一旦方向和标准统一，团队成员自然会凝聚在一起。

营造独特的环境氛围。研究发现，工作氛围与工作满意度和积极性呈正比关系，它满足了人们心理上的某种需求，能够调动高效率工作的情感。因此，管理者需要深入了解员工，以员工喜欢的方式营造独特的办公环境，如明亮的灯光、适宜的温度、融洽的人际关系等。

第 2 章

员工行为心理学——洞察员工行为背后的心理动机

01 员工愿意工作的心理动机

某知名企业在全力备战年终的一场营销活动，一名员工在社交媒体上发了一封长信，称自己经常熬夜加班，工作压力很大。这条信息让章小万很愤慨：“你嫌加班多，让位给我好了！”

马斯洛需求理论将人的需求分为5个层次：生理需求、安全需求、爱和归属感、尊重和自我实现。根据马斯洛需求理论，我们可以将人们愿意工作的心理动机分为3个层次。

生存。生存是我们来到这个世界最基本的需求，获取报酬是促使人们努力工作的强大动力。

快乐。工作让人们提升知识水平、拓展人际关系、获得认同和生活物质，工作带来的快乐极大地满足了人们的成就感。

自我实现。根据马斯洛需求理论，自我实现是心理需求的最高层次。每位员工在工作的过程中都渴望体现出自我存在的意义和价值。

工作不仅提供生活中的物质享受——现代文明的商品和服务。从心理学上分析，工作提供了更多不可捉摸的但更为重要的良好心理状态，让我

们在一个充实的生活和一个空虚的生活之间分出了不同。心理学家已经证实工作对个人的幸福感与成就感的确切贡献。

激发生存动机

鼓励员工努力工作改变物质生活条件。例如：当员工抱怨生活艰难时，管理者要鼓励员工努力获取公司的绩效奖金来改善生活。

提醒员工努力工作是承担社会责任的有效方式。管理者需要帮助员工看清现实、分析物价水平、生存情况，让员工深刻认识到现实生活中的物质成本，提醒员工作为社会及家庭成员应承担的社会责任。

用身边成功者的案例激起员工的志气。我们在会议上可以让优秀员工分享自己的工作经验、成功的方法，以及努力工作带来的改变。

如何有效激发员工工作需求背后的心理动机

	方法
激发生存动机	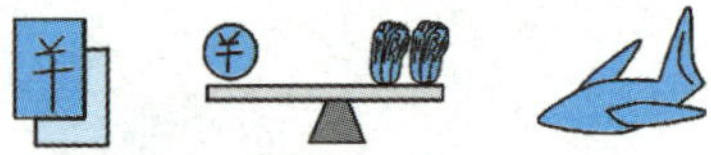 奖金　物价水平　旅游
激发快乐动机	 工作氛围和环境舒适　工作任务合理
激发自我价值动机	 工作信念　及时奖励　重视成长　规划未来

激发快乐动机

营造轻松、愉快和有趣的工作氛围。例如：管理者应关注员工的动态和变化，当员工工作有所进步时，应及时赞扬、鼓励。在办公场所的设置上，从功能划分、空间布局、色彩搭配、材质选用、设计风格等方面考虑员工的需求，让员工在舒适的环境中发挥最大的作用。

在工作任务的分配上，不宜过于繁重。管理者在分配任务时，应该根据客观情况，安排合理的工作量。如果工作量过于繁重，不但会给员工造成很大的心理压力，还会降低员工的工作热情。

激发自我价值动机

树立信念。管理者要引导员工树立努力工作的信念，把“努力工作创造美好生活”的理念融入企业文化。

及时奖励。员工表现良好时，管理者应及时予以肯定或奖励，帮助其看到自身的闪光点，树立自信心。

重视成长。管理者要重视员工成长，发掘员工的内在潜能，帮助员工认识自己的能力，让员工快速成长。

规划未来。管理者要倾听员工的理想和愿景，并将其愿景与公司的发展相融合，让员工看到未来与希望。

02 员工没有责任心行为的心理动机

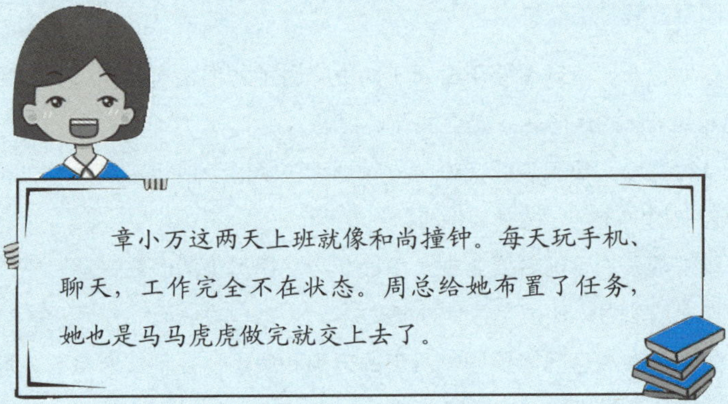

责任心作为个体重要的心理品质，有自己的结构，既与人的心理过程有关，又与人的个性特点有关。分析责任心的心理结构，有助于责任心的培养与鉴定。

中国人民大学心理学系教授张积家在《试论责任心的心理结构》一文中，从心理成分构成上把责任心分成责任认识、责任感（包括同情心、义务感、良心、羞耻感、爱心与奉献精神）和责任行为。这些心理成分主要是和知、情、行等心理过程有关，反映了人的责任心的共性。对员工自身问题进行深入的研究分析，我们发现在员工没有责任心的行为表象背后，其实是其心理层面出现了问题。

恐惧失败型

恐惧失败型员工的主要缺点在于自信心不足，对失败和挫折的承受能

力较差。同时，他们的自尊心较强，过分追求完美。培养这类员工的责任心，需要从以下几个方面着手。

在任务分配上，多安排难度适中的工作，帮助他们建立自信心。

阶梯式提高工作难度，提高他们的心理承受力和工作能力。

以建设性意见为主，避免“斥责、贬低、奚落”的态度。

当工作成功完成后，对他们的能力和付出当众表扬或给予物质奖励，让他们看到自身的价值。

抵触担责型

抵触担责型员工的主要缺点在于崇尚自我、追求自由，在工作中不愿受制度的约束和管制，不愿承担过多的责任，但是他们敢于打破原有的制度和观念。培养这类员工的责任心，需要另辟蹊径，具体可以从以下几个

方面着手。

明确其职责。在工作分配和执行上，分工明确，责任到人，培养他们做事的负责方式和态度。

改变严厉监控的管理方式。为团队营造一个轻松、愉快的工作氛围，让他们在快乐工作的同时，理解并接受公司的制度规则。

树立榜样，建立员工的自觉性。例如：管理者主动承担责任，并通过改正错误完成工作。让员工明白工作中出现错误是不可避免的，不能因为害怕出现错误、害怕承担责任就因噎废食、止步不前。

建立团结和谐的团队文化。例如：开展一些团队活动，让员工对团队形成情感上的寄托和依赖。一旦员工对团队形成认同感，就会发自内心地愿意承担责任。

激情缺失型

激情缺失型员工的主要缺点在于积极性不高、缺乏热情，在工作中经常处于疲倦和被动的状态。可能是因长期工作，丧失了对工作的兴趣，也可能是对自身要求不高，得过且过。管理者要想培养这类员工的责任心，需要从以下几个方面考虑。

帮助员工找回“初心”。通过询问员工的愿望和理想唤回员工做这份工作的初衷。例如：是什么力量让你选择这份工作？你当初接受这份工作时，希望工作给你带来什么变化？

重新建立员工的兴趣点。与员工进行深入的交流，询问和倾听员工内心的声音，了解员工为何对工作失去了兴趣。例如：对于现在的工作，你

针对 4 个缺失责任心的心理状态，培养员工的责任心

更希望用什么形式去做？

创新激励手段。激励手段不仅仅体现在口头表扬、物质奖励上，还可以以多种形式展现出来。例如：形象激励，对在工作中表现突出的员工，采用公告的形式张榜公布；感情激励，加强与员工的感情沟通，从思想、生活、工作等方面给予真诚的关怀；排名激励，设立员工排名表，让员工的进步在数据上一目了然地表现出来。除此之外，还可以建立晋升制度激励员工，让希望进一步发展的员工看到目标，在工作中产生更大的动力。

缺少方向型

缺少方向型员工的主要缺点是工作没有明确方向，虽然他们渴望在工作中取得卓越成绩，但他们永远不清楚自己应该在团队中担负什么样的责任，因此不敢贸然行事。所以针对这类员工，管理者可以从以下几个方面提升他们的责任心。

确定工作范围和责任。在分配工作时，管理者先与员工沟通，制定工作标准，明确每个员工的工作范围和职责。

提供反馈和指导。当员工面临疑难问题或工作遇到阻碍时，管理者应及时提供反馈意见进行指导。

制订计划。管理者应引导员工制订详细的计划安排，如周计划、月计划、年计划等，对每个员工的计划节点都了然于心，及时把控计划的进度和方向。

03 员工抱怨行为的心理动机

周总让章小万在一天之内针对新产品写一份销售方案。章小万抱怨道："我的那台电脑总是死机，耽误时间，而且我对新产品还不太了解……"

抱怨是一种正常的心理情绪，员工在自己受到不公正的待遇时就会抱怨。员工抱怨并不可怕，这有助于缓解员工心中的不满，是一种常见、破坏性较小的发泄方式。有抱怨说明员工对公司还是比较在乎的，期待公司能解决这些问题，让自己能更好、更长久地为公司创造价值。

员工的抱怨无非是 3 个方面的问题。

公司机制的问题。例如：岗位人员安排不得当、公司重要职位竞选不公平、晋升制度不完善等。这样的抱怨往往能够反映公司、团队在制度或政策方面的问题。

薪资待遇的问题。例如：本公司工资和其他公司的工资差异、福利差异、加班费计算、年终奖金、差旅费报销等都可能成为抱怨的话题。

工作环境问题（包括自然环境、作业环境和团队环境）。例如：空气条件差、办公设备差、公司离家太远、公司周围太嘈杂、办公室太狭窄、

同事不友善、领导太严厉等。

管理者要针对员工抱怨背后隐藏的问题进行有效分析，对症下药，更好地化解员工的抱怨，而不是对员工的抱怨置之不理或横加指责，从而使抱怨情绪泛滥成灾，管理更加混乱，矛盾进一步激化。

从制度上给予员工"抱怨"的空间

在合理的范围内，重视和鼓励员工"抱怨"。员工愿意在你面前畅所欲言是对管理者最大的信任，你所要做的就是认真倾听。除了从抱怨者口中了解事件的原委以外，管理者还应该听听其他员工的意见，在没有完全了解清楚之前，最好不发表任何言论。

为员工提供有效的抱怨渠道。例如：制定"公司机制员工满意度表"、定期召开关于"公司机制"修正会议。麦当劳就在公司内部建立了"抱怨"机制，员工采用不记名的方式，通过"抱怨箱"将心中的不满发泄出来。

重视薪酬问题，并视实际情况解决

员工抱怨待遇低。新入职员工如果有这方面的抱怨，管理者可以通过

如何有效解决员工抱怨的问题

晋升规划，让他了解通过努力和经验的累积，薪酬会有怎样的提高。如果老员工的工作能力强、工作认真负责，管理者可以通过提拔或加薪平息抱怨；如果老员工的能力不足、工作态度不认真，管理者可以从他自身的工作能力、工作态度、工作成效等方面分析为什么工资不高，鼓励他们通过改变工作态度、努力提升自己的工作能力获取满意的薪酬。

员工抱怨加班时间长、加班费太低。公司业务较多，确实需要员工加班，大多数员工是能够理解并愿意加班的。管理者要多听取员工的意见，设置一个员工愿意接受的加班时长和加班频率，并提供合理的加班费用。

创造良好的工作环境

自然环境。如果公司所处的地理位置过于偏僻，公司周围的噪声太大，

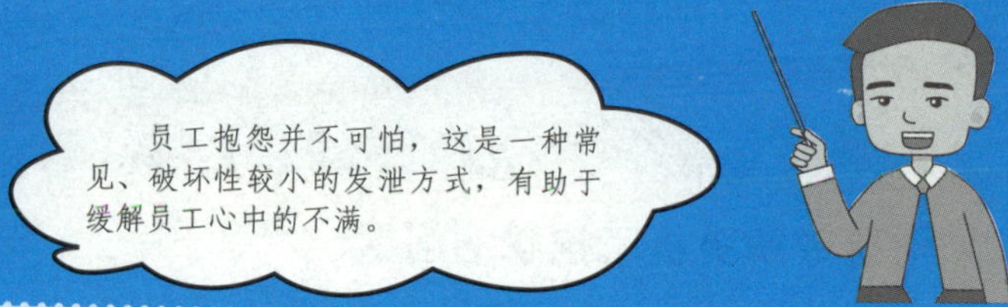

已经对员工的身体造成了伤害，管理者可以考虑更换公司的地址，改变办公环境。

作业环境。改善和增加工作面积，使办公物品摆放合理，保持办公环境整洁，摆放一些有净化空气效果的绿色植物，保持一定的湿度和温度等。

团队环境。部门和部门的关系、领导和员工的关系、员工和员工的关系等对员工的工作效率产生很大的影响。因此，管理者要尽可能帮助员工建立友善、互助的关系。例如：经常开展跨部门的团队活动等。

员工异常行为的心理动机 04

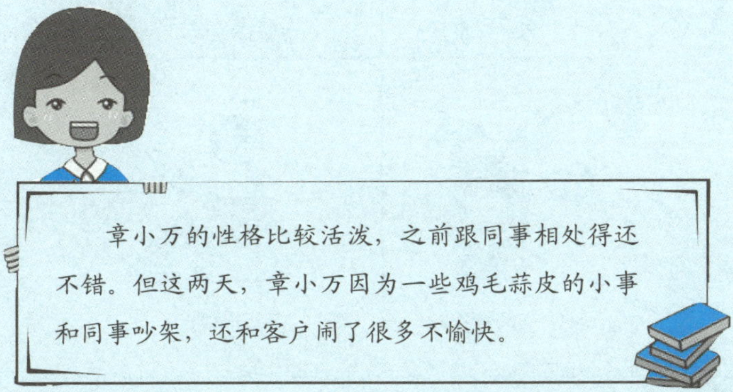

原本在管理者眼里表现出色、工作认真的员工突然提出辞职或工作态度一落千丈，管理者会不解甚至无法接受，被员工的这些异常行为弄得一头雾水。

任何心理健全的人在遭遇挫折和失败的时候心理都会失衡，为了减轻心理压力，他们会有意无意地运用心理防卫方式，采取自我防卫措施，以抵御外来的伤害。员工在工作过程中，每天都会受到来自各个方面的打击和压力，如果员工的承受能力稍弱，就容易出现异常行为。

员工异常行为一般是指员工发生的可能导致违规违纪的趋势性、苗头性行为。

从心理学角度来看，任何异常的行为背后都有一定的心理动机。那些不起眼的行为可能就是“压死骆驼的最后一根稻草”，促使员工做出一些激烈或极端的行为。管理者要学会听懂员工的“内心独白”。

管理者深入分析员工异常行为折射出的心理活动，一方面，能够在管理过程中有效减少或避免员工做出突发、极端行为；另一方面，读懂员工的心理状态，也是解决问题的关键。

关注员工情绪上的起伏与变化

例如：在办公室里，大家凑在一起聊得开心，十分热闹，唯独某个员工坐在角落一言不发，被排斥在外，那么管理者就需要观察这个员工情绪上的变化，分析何种原因导致这个员工不能融入集体。

根据性格特点分析员工的不寻常行为

管理者在与不同类型的员工相处时，需要深入了解其性格、特点，在分析其性格的基础上做出判断，对待不同的员工要选择不同的语言表达方式，采用容易被员工接受的行为方式。

如何读懂员工不寻常行为背后的真正原因

例如：在一次聚会中，管理者调侃了两位员工，其中一位活泼大方的员工坦然接受、乐在其中，而另一位敏感多疑的员工满脸不耐烦，直接走人。管理者或许会认为后者的行为有些较真儿、容易生气，但应设身处地地换位思考：细腻、敏感型的员工，可能会觉得管理者在取笑或讽刺自己。

定期检查并反思公司的制度、工作环境是否存在问题

例如：员工突然打电话要请半个月的假去旅行。面对这种情况，管理者可能更在意员工请假耽误了工作，认为员工的想法不负责任、太任性。事实上，管理者需要关注的是员工这么做的原因。是员工想一出是一出，任性妄为，还是员工近期的工作压力太大，身心俱疲，需要放松？如果员工反映工作压力大，管理者就要反思公司在假期制度上是否合理，或者在工作任务量的分配上是否过于繁重。

05 期望理论：用期望改变员工行为

周总对章小万说：“小万呀，公司要交给你一个艰巨的任务，希望你能顺利完成。”章小万挠了挠后脑勺：“任务很难吗？我怕会让您失望。”周总说：“小万，我可是十分看好你，期待你接下来会有更好的表现。”听到周总的鼓励，章小万满怀信心地接下了任务。

“期望理论”是美国心理学家弗罗姆（Fromm）在《工作与激励》中提出的。它是一种通过考察人们的行为与其所获得的最终奖酬的因果关系，来说明激励过程，并选择合适的行为达到最终的奖酬目标的理论。这种理论认为，当人们预期某种行为有某种特定的结果，而且这种结果对个体具有吸引力时，个体就倾向于采取这种行为。

把“期待理论”运用到企业管理中，会给企业带来什么惊喜呢？通用电气的前任 CEO 杰克 · 韦尔奇曾认为，团队管理的最佳途径并不是通过“肩膀上的杠杠”实现的，而是致力于确保每个人都知道最紧要的东西是构想，并激励他们完成构想。韦尔奇在自传中用很多词汇描述那个理想

的团队状态，如“无边界”理论、4E素质（精力、激发活力、锐气和执行力）等，以此来暗示团队成员“如果你想，你就可以”。

设置有吸引力的目标

例如：管理者可以在会议上对团队近期的目标进行解读，调整员工对目标的认知，调查了解员工需要什么样的激励，从而制定科学合理的激励目标。

提高员工的期望值

例如：管理者可以对目标进行逐步分解，让员工知道实现目标的途径；通过培训、实验等方法提高员工的工作能力，增强员工达到期望的自信心。

如何利用期待理论改变员工行为

设置有吸引的目标

提高员工的期望值

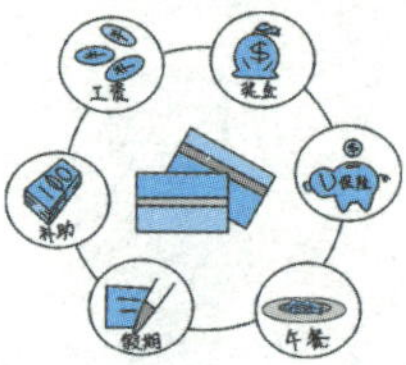

建立合理的薪酬制度

建立有效的沟通机制

建立合理的薪酬制度

管理者所制定的薪酬制度要公平、合理与透明；承诺给员工的薪酬要具有吸引力，员工对其从工作中得到的薪酬需求是不同的，有的人重视薪金，有的人更重视挑战性的工作，薪酬要与员工的愿望符合；目标达成后要及时发放薪酬，让员工看到自己的努力没有白费，努力是有回报的。

建立有效的沟通机制

员工在实现目标的过程中，内心的需要、对目标的期待、对管理者的激励目标的信息反馈及工作能力等方面都会发生变化。因此，建立有效的沟通机制是很有必要的。例如：尊重员工合理的要求，鼓励员工表达内心的情感和需求。

不同心理欲望的员工的行为管理 06

自从上次顺利完成工作任务之后，章小万觉得自己的能力已经足以胜任团队的组长职位，于是向周总提出了晋升申请。周总说："我考虑一下。"苦等了两天之后，周总那边一点动静都没有，章小万不免心生失望，对工作懈怠起来。

欲望指人的需要没有得到满足的一种反映形式。欲望是人的一切行为和活动的根本出发点，也是人产生需要的前提。在团队管理中，管理者要想让员工改变工作行为模式，达到自己的预期，就必须了解员工的心理欲望。管理者只有了解了员工的心理欲望，才能驱动这些欲望，给员工加上"发条"。

从人性的角度，我们将能够改变人们行为的心理欲望分成 8 种。

一个人产生积极行为的动力离不开对物质和精神的心理渴望，而任何一种心理欲望的满足或不满足都会导致员工的行为发生改变。

心理欲望	行为表现
生存欲	追求生命与存在，在乎金钱，想要更高的薪资、更好的福利
占有欲	追求所有权，不满足于金钱，想拥有掌控公司的权力，如股份、期权等
安适欲	追求内心安宁，希望工作更加舒适，生活更加安逸，内心更加安宁
情爱欲	追求爱与被爱，希望自己的付出能够得到回报，渴望得到领导的关爱和同事的关心
平衡欲	追求和谐与公平，讲究平衡，不担心回报少，担心不均匀、不公平
表现欲	追求分享与出众，希望自己的价值被尊重，提出的观点能被认同，有更多表现的机会
探求欲	追求成就感，在乎自我价值的实现，会更加在乎成就感
成就欲	追求新知识与新体验，希望能尽快地融入公司，获取新知识和新体验，提高自己的能力

领导型员工：占有欲和成就欲

占有欲和成就欲是领导型员工常有的心理欲望。他们的能力强，不仅希望得到满意的收入，还期待在事业中达到自己想要的高度。管理者管理这类员工，可以采用以下策略。

入股。吸纳他们入股，让他们成为公司的股东。

分配期权。分给他们期权，让他们掌握一定的权益。

升职位。晋升他们的职位，让他们实现自我价值。

成为合伙人。让他们成为公司的合伙人，适当提高员工管理公司的权力。

如何针对不同心理欲望的员工进行有效管理

实施这些策略不仅能让领导型员工感受到来自公司的重视与诚意，更能刺激这类员工的欲望，使他们做得更好。同时使员工对公司形成一定的依赖性。

关系型员工：生存欲和表现欲

生存欲和表现欲是关系型员工常有的心理欲望。相对于其他类型的员

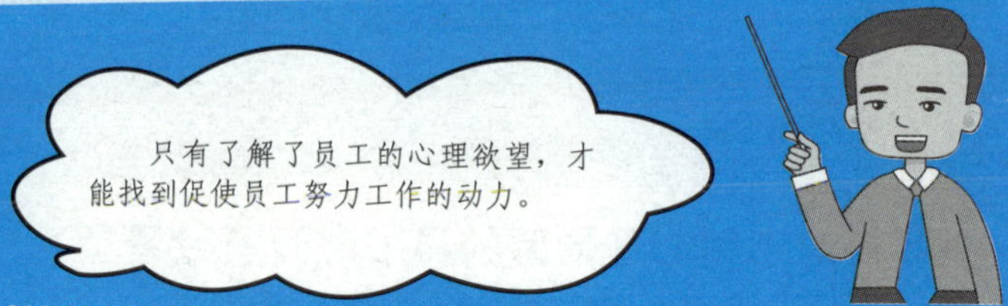

工，关系型员工的心理欲望比较现实，生存是他们的首要目标。这类员工在工作中会非常在乎薪资和福利待遇的高低。同时他们又希望能够影响环境，所以他们的表现欲强烈，希望自己的意见能被接受，能够在团队发展中听到自己的声音。管理者管理这类员工，可以采用以下策略。

合理提高薪资，满足他们的物质要求。例如：通过绩效考核的形式为其加薪，通过发放奖金的形式增加其收入。

经常与他们互动交流，分享彼此的思想、给他们表达自我的机会。例如：鼓励员工谈自己的想法、故事，包括理想愿景、优势特长、成长旅程等。

合理采纳他们的建议，并且予以相应的肯定和赞扬。例如：在员工提出切实可行的建议时，与员工一起探讨，并适当采纳。

肯定其个人价值，满足他们的表现欲。例如：在团队与竞争对手激烈对抗时，可以推荐这类员工，让他们在发挥自身力量的同时，也为团队做出贡献。

智力型员工：探求欲和平衡欲

探求欲和平衡欲是智力型员工常有的心理欲望。智力型员工相对比较独立，希望有良好的工作氛围，追求团队和谐、领导公平。同时又希望有独立创造的机会，能够获取新知识和新体验。管理者管理这类员工，可以采用以下策略。

提供学习渠道，满足他们的探求欲。例如：通过培训或拓展活动，为他们提供更多的学习机会和更加自由的学习空间。

强调公平，有效利用他们的平衡欲。这类员工不患寡而患不均，管理他们，管理者可以让他们对自己的工作做一个评价，对自己该得到什么样的报酬提供建议。

工兵型员工：安适欲和幸福欲

安适欲和幸福欲是工兵型员工常有的心理欲望。工兵型员工不在乎名利，更在乎自我感受、团队的氛围。他们对团队的归属感很强，对幸福感的期待也很强烈，所以他们希望自己的付出能够得到回报，也渴望得到管理者和同事的关爱。同时，这种类型的员工在工作中因为有安适欲容易出现懈怠、消极的情况。管理者管理这类员工，可以采用以下策略。

适时地对员工进行监督和审查。例如：不定期地实行一些监督和检查，加强员工的自觉性。

给予爱。例如：经常关心员工的生活，在员工遇到困难时，及时提供帮助和鼓励。

强调内部竞争和淘汰制度。例如：对优秀的员工进行表彰奖励，对落后的员工进行责罚。

07 不同气质类型员工的行为管理

> 周总不愿晋升章小万的职位，章小万很失望。周总说："你的性格活泼，沟通能力强，非常适合做销售。组长这个职位除了要有很强的销售能力，还需要很强的管理能力，你现在在这方面还有欠缺。"

人的气质是有明显差异的，气质类型是在一类人身上共有的或相似的心理特征的典型结合。俄罗斯心理学家巴甫洛夫提出了气质的神经活动类型说。巴甫洛夫的认为，人们的气质特点取决于3种主要的神经系统特征。

神经过程的强度。即神经细胞兴奋和抑制工作的能力和耐力。

神经过程的平衡性。即神经细胞兴奋和抑制在强度与灵活性方面的相对均势或优势。

神经过程的灵活性。即神经细胞兴奋和抑制相互转换的速度。

神经系统的基本类型是气质的生理基础。气质是高级神经活动类型的外在表现。巴甫洛夫根据这3个维度，把高级神经活动分为4种：不可抑制型、活泼型、安静型和弱型，并将这4种神经活动划分和古希腊医生希

	高级神经活动	气质类型	主要心理特征
	不可抑制型	胆汁质	精力旺盛，情绪产生快而强，言谈动作急速且难以自制，内心外露，性格率直、热情、易怒 、急躁、果断
	活泼型	多血质	活泼、爱动、情绪转变快速，表情丰富、动作敏捷。性格乐观、亲切、浮躁、轻率
	安静型	黏液质	沉着冷静、情绪发生慢而弱，思维、言谈动作较迟缓，内心少外漏，坚忍、执拗、冷漠
	弱型	抑郁质	柔弱易疲倦，情绪发生慢而强，敏感而富于自我体验。言谈动作微弱无力，胆小忸怩、孤僻

波克拉底提出的气质类型——胆汁质、多血质、黏液质和抑郁质相对应。

这 4 种具有显著差异的气质类型并没有好坏高低之分，任何一种气质类型都有积极和消极的地方。例如：胆汁质的人积极、生机勃勃，暴躁、任性、感情用事，适合情绪刺激少的工作；多血质的人热情、灵活、善交际、兴趣广泛，也有轻浮、情绪多变的一面，适合变化大、花样多的工作；黏液质的人沉着、冷静又坚毅，同时也有缺乏活力、性格冷淡的缺点，适合稳定、变化少的工作；抑郁质的人情感深刻、稳定，但是孤僻、羞怯，适合安静、变化少的工作。

任何外在的行为在一定程度上反映着我们的性格特点、心理活动以及适合什么类型的工作。对管理者而言，只要充分了解员工的气质类型并进行有针对性的分析，就能够在工作中做到合理分配、有效管理，最终不仅可以提升工作效率和执行力，还会降低管理难度，帮助员工和公司实现快

如何针对不同气质类型的员工进行有效管理

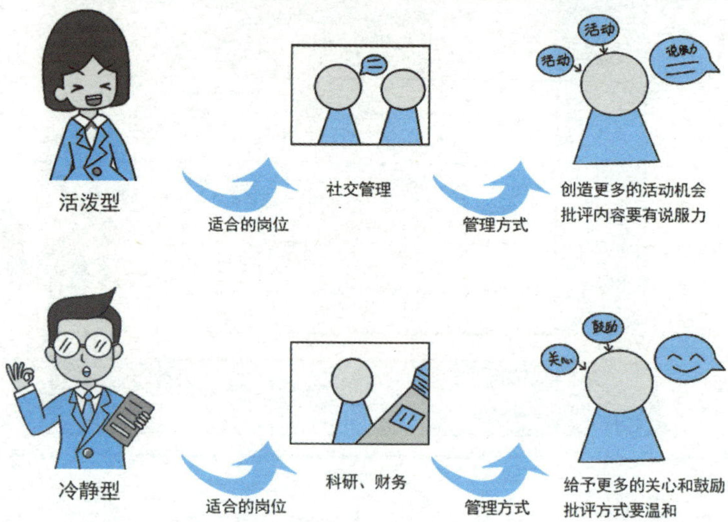

速发展。

活跃型员工

胆汁质和多血质员工均属于典型的活跃型员工。这类员工的优势是敢于挑战、敢于冒险、善于沟通，以及交际能力很强。劣势是容易浮躁、轻率、果断，情绪不稳定导致做事情不稳重、不成熟。对这类员工，管理者管理这类员工，要注意以下几点。

工作分配。在工分配上，管理者多安排社交、管理和销售类型的工作给这类员工。

创造机会。管理者要为这类员工创造条件，提供更多的活动机会，同

时培养这类员工的自制力、坚持到底和勇于克服困难的精神。

批评方式。管理者在批评这类员工时，要注意方式方法，内容要具有说服力。

冷静型员工

黏液质和抑郁质员工均属于典型的冷静型员工。这类员工的优势是做事沉着稳重，拥有执着的毅力以及坚韧的品质。劣势表现为不善言辞，在人际交往方面有所欠缺。，管理者管理这类员工要注意以下几点。

岗位分配。这类员工更适合持久细致、研究性的工作，如科研、财务等工作。

给予关心。对这类员工积极努力的工作表现和兢兢业业的工作态度，管理者应及时给予肯定和表扬，着重培养这类员工开朗、自信、刚毅的精神。

批评方式。管理者应批评时要有耐心，尽量不在公开场合批评。

08 90 后员工的行为管理

章小万特别喜欢一位嘻哈歌手，于是经常模仿这位歌手的动作和穿衣风格，就连上班的时候也穿得比较嘻哈。周总很不满意，把章小万批评了一顿。

90 后是在经济信息全球化、国民资源丰富的环境中成长起来的一代人，生理需求、安全需求和被爱需求被过度满足。他们对自己自信满满，以自我为中心建立现实感。

新时代的背景下所产生的新型世界观、人生观和价值观决定了 90 后具有显著的心理特征及行为表现。他们崇尚自由，行为高调，喜欢被人关注。他们的价值观多元。例如：渴望工作是自己喜欢的，渴望收入能超越同龄人；他们崇尚精神领袖，崇拜风格鲜明、具有人格魅力的人。他们的智商较高、知识丰富、创造性较强，同时对挫折和批评的承受力低。这些特点表现在工作中就会出现一些“难管行为”。

90 后的一系列“难管行为”的背后反映出 90 后员工的不同需求。

自我发展需求。90 后更看重自由平等的工作环境和工作的发展前景。

行为表现	内心活动	性格特点
迟到旷工	不想干了，无所谓，想离职	随意任性
生病请假	休息好再上班，不缺钱	追求自我幸福体验
无视管理者的教育	凭什么教育我，太不公平	追求平等、公平
上班聊天，玩手机，睡觉	工作我不感兴趣，得过且过，反正还发工资	兴趣至上
不愿和同事说话、不合群	和他们合不来，讲不到一块去	不愿附和，坚持自我
穿奇装异服	回头率肯定高，大家会关注我	个性张扬，特立独行

情感需求。“生病请假需要领导关怀”“家里出事需要别人的一句关心”等都属于 90 后的情感需求。

存在需求。自己的价值需要被认为，需要感受到自己是被重视的。

自我发展需求的满足与管理

管理者要引导员工制定职业规划，帮助员工看到未来。

合理分配任务，管理者要有针对性地根据员工的兴趣和特长布置工作。

管理者要让员工看到公司给他们带来的成长和自身价值的实现。

情感需求的满足与管理

管理者要对工作表现优异的员工及时给予精神鼓励或物质奖励。

员工在工作中出现错误或面临困难时，管理者先表示理解，进而正确引导，而不是一味地训斥和指责。

如何针对不同类型需求的 90 后员工进行有效管理

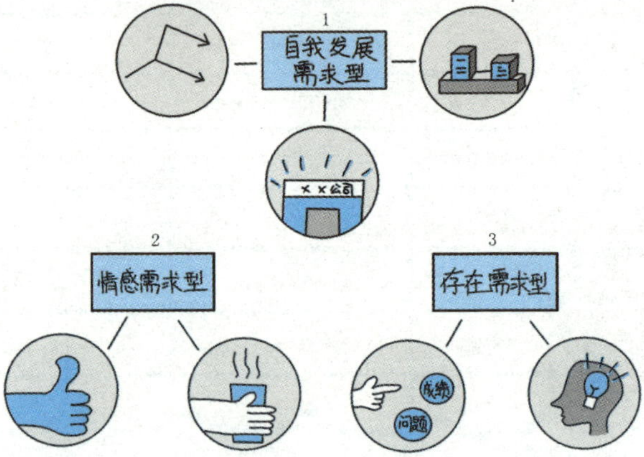

在员工生病时，管理者主动关心员工。一句关心的话、一个暖心的举动，会让员工感受到来自公司的温暖，从而令员工对公司产生归属感。

在特殊节日里或员工的生日，公司为员工送上祝福，如发一条短信、打一个电话、送一份礼物等。

存在需求的满足与管理

管理者经常单独与员工面谈，对他们优异的工作成绩和努力的工作态度表示赞扬，同时指出其工作中仍然存在的一些问题，指导员工进行解决。

重视员工提出的意见或建议，管理者对他们提出的合理建议予以表扬并采纳。

及时关注员工的生活，管理者在他们面临问题或需要帮助时为其提供帮助。

第3章

领导行为心理学——发现并放大你的领导力

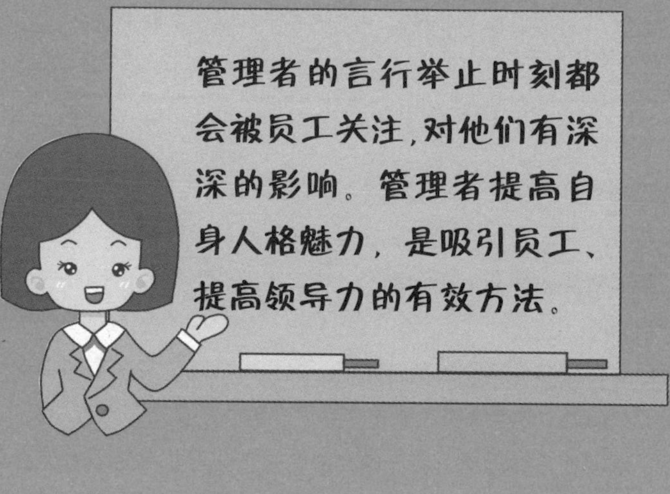

01 真正了解你自己

章小万和小鑫聊天：“周总不管工作中还是私底下，总是板着一张脸，害得我不管是被他叫去办公室还是私底下见到他，都担心是不是做错事要被骂了。”周总听到她的话，心里很诧异：难道我在员工心里这么不近人情？

领导是指引和影响个人或团队，在一定条件下实现某种目标的过程。其中，实行指引的人是管理者，接受指引和影响的人是被管理者。在团队管理中，管理者能力的高低很大程度上决定了团队的成败，但是很少有管理者意识到这一点。

由于自身在团队中扮演的角色和所处的位置不同，很多管理者常常只能看到员工的问题。例如：员工状态不好、做事心不在焉、态度不端正等，一旦团队出现问题，管理者只会一味地责备员工。很少有管理者会在员工出现问题的时候，第一时间自我反思，审视自己的所作所为是否给了员工正确的引导。而这种情况正是因为管理者并没有真正了解自己，对领导的角色没有一个清晰的认知。

加拿大麦吉尔大学的教授亨利·明兹伯格（Henry Mintzberg）认为，企业管理者在企业组织中扮演的角色并不是一个科学家，也并不是一个像会计师、工程师一样的专业人员，而是一个集各种错综复杂的任务于一身的艺术家。因此管理心理学强调，管理者要想带领好团队，必须对自己的身份、地位、能力以及权力等有充分的认知。

身份地位的认知：明确自己的职能

在团队中，不同的身份地位拥有不同的职能，因此，为了能够明确自己的职能，管理者必须对自己的身份地位有一个明确的认知。对角色的认知，亨利·明兹伯格提出了经理角色理论。该理论认为管理者为了实现团队目标，需要扮演 10 种不同但互相联系的角色，主要分为三大类。

人际关系方面的角色。这方面的角色包括挂名首脑（承担法律性或社会性的任务，主要负责迎接来访者）、管理者（负责动员、激励下属，从事所有与下级沟通的活动）和联络者（维护联络，传递信息）。

管理者如何真正了解自己

明确管理者的职能

明确自己的领导风格

信息传递方面的角色。这方面的角色包括监听者（阅读报告，寻求和获取各种特定信息）、传播者（将从不同渠道获取的信息传递给组织其他成员）和发言者（向外界发布组织的相关信息）。

决策制定方面的角色。这方面的角色包括企业家（制定改进方案，监督方案策划）、故障排除者（遇到重大问题时，负责采取补救措施）、资源分配者（调度、授权、安排下级工作，负责分配组织的各种资源）和谈判者（作为组织的代表参与工会的合同谈判工作）。

权利与义务的认知：放大自己的影响

在团队管理工作中，领导既有权利又有义务。管理者的义务是激发员

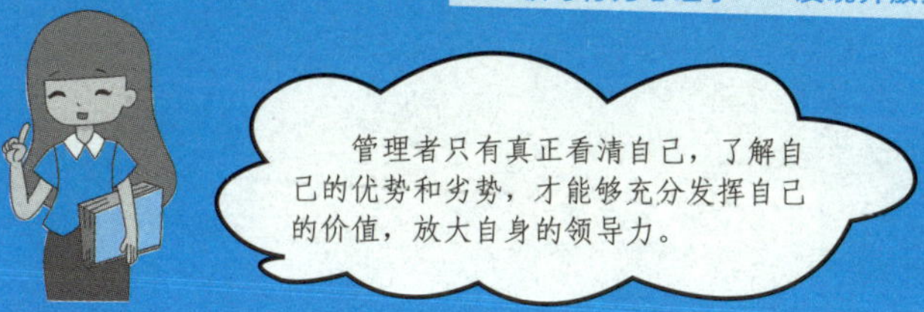

工的工作动机，提高工作绩效，并适时为员工提供及时的培训。而领导的权利又称领导影响力，是管理者为了达到预期目标，影响和改变被管理者行为与心理的一种能力。一般情况下，领导的权利分为两种。

法定性权利。法定性权利是指一个人担任某种职位所具备的该职位所提供的法定权利。

威望性权利。威望性权利主要是由管理者的人品、性格、能力、素质、知识等个人因素构成的。这种权利在实际的管理工作中要比法定权利更让员工信服和认可。因此，在实际的管理工作中，管理者要加强威望性权利的使用，并适度结合法定性权利。

行为方式的认知：给被管理者正确的引导

领导的行为能够深刻影响和指引员工的行为，美国心理学家怀特（White）和李皮特（Lipper）提出了 3 种领导行为方式。

权威式领导。所有的决策都由管理者决定，工作的步骤、分工等都由管理者单独决定。这种管理者与下属较少接触，奖惩通常对人不对事。

民主式领导。主要决策由团队成员商讨之后决定，管理者持支持鼓励的态度。这种管理者与下属的接触较多，能够给下属更多选择的机会。

放任式领导。管理者对员工放任自由，不参与决策，更不会主动涉及，只是偶尔表达自己的意见，员工享有完全的决策权。

02 领导他人之前，必先领导自己

周总将一个项目交给章小万和小鑫负责，并鼓励他们说：“你们只管放心大胆地干，我相信你们一定能做好。”项目分工完毕后，周总就没有过问这件事，就连小鑫请他帮忙督促后勤部发货的事，他都忘得一干二净。

前 IBM 董事长汤玛斯·华生（Thomas Waston）说：“最能证明一个人具有领导力的事，莫过于他日复一日地领导自己。”但是很多管理者认为，自己处于管理层，主要的职责就是管理好自己的下属，于是放松了对自己的管理。久而久之，管理者的影响力会逐渐丧失，员工不再信任管理者，管理工作自然难上加难。

因为忽视对自己的领导和管理、没有高度自律的工作习惯，管理者很容易做出一些错误、负面的行为。基于管理者在团队中的影响力，员工会自然效仿管理者的做法，改变自己的行为。但是如果管理者自身的行为本身就存在问题，所产生的就是负面的影响力。因此，管理心理学强调，管理者进行有效管理的前提是必须具备正面的、积极的影响力。而要做到这一点，管理者首先要学会领导自己，形成自己独特的“领导力”。

角色定位管理：明确自我领导的方向

我是谁？管理者要清楚地知道自己在团队中扮演何种角色。

需要做什么？管理者要明确知道自己要做什么，哪些是已经完成的，哪些还需要努力完成。这样有利于管理者对工作进行掌控和自我反思。

怎么做？如何利用并调动团队现有的资源创造更高的绩效，是管理者需要考虑的问题。因此，在遇见任何问题时，管理者需要正视问题，而不是忽视。

目标是什么？管理者不仅要给团队制定目标，还需要给自己制定目标，并对每天的每项工作进行目标管理，以此规范约束自己的行为，实现团队的战略目标。

只有清楚地回答以上几个问题，清楚自己的角色定位，管理者才能知道如何领导自己，进而更好地领导他人。

自我心态管理：由“心”领导自己

态度诚恳。管理者在与员工交流时，态度真诚，语气委婉，以平等的姿态与员工对话，而不是控制员工。例如：多用“我们”“大家”等词语，拉近彼此的距离。

避免情绪化。管理者在与员工产生矛盾和分歧时，能够控制个人情绪，就事论事，客观公正地分析问题。例如：和员工在某个观点上的看法不一致时，不能表现出急躁或不耐烦，而是针对问题分析并解决。

尊重员工。在员工提出反馈意见时，管理者坦然接纳好的建议，并且表示愿意改进。例如：员工针对公司的作息时间提出异议，这时管理者应该先倾听员工的异议点在哪里，紧接着询问员工有哪些好的建议。如果建议合理可行，管理者接受员工的建议并及时做出调整。

自我学习和突破管理：提升自己的领导力

变换角色思考。管理者常常被管理者的身份局限，难以突破自己。因此，管理者需要变化角色和角度去思考问题，创新思维。

不断钻研学习。要想让员工做到，管理者首先自己要做到，只有这样才能让员工信服和认可。为此，管理者需要不断钻研技术，借鉴经验，努力获取更多的知识，以此加强自己的领导力。

投射效应：成为团队的行为标杆 03

大家在自己的岗位上忙碌，周总走到办公室说：“大家的状态这么差，难道昨晚都失眠了吗？”章小万嘀咕道：“那是因为你最近工作状态不好，所以你才觉得我们的工作状态也不好。”

为了寻求心理平衡，人们喜欢把自己身上的特点归因到别人身上，这种现象在心理学上被称为“投射效应”。它主要是指以己度人，认为自己具有某种特性，他人也一定有与自己相同的特性，把自己的感情、意志和特性投射到外部世界的人、事和物上，并强加于人的一种心理。例如：自己心情不好，认为对方心情也不好；自己喜欢算计别人，认为别人也在算计自己等。

在团队管理过程中，经常会出现投射效应，管理者会无意识地把自己的喜怒哀乐、思想意识或多或少地投射到员工身上，进而以不同的形式展现出来。例如：周总正是因为没有管理好个人情绪，最终投射到员工身上。还有些管理者认为员工经常在工作中偷懒耍小聪明，并将自己的这种意志和观念强加到员工身上，进而造成一种认知障碍。一般情况下，投射效应的表现形式分为 3 种。

相同投射。人与人交往时，如果不能深入了解对方，相同投射效应更容易发生，通常在不知不觉中就已然从自我出发做出判断。这种投射作用发生的主要机制在于忽视自己与对方的差别，没有在意识中把自我和对象区别开来，而是将二者混为一谈。

愿望投射。即把自己的主观愿望强加于对方的投射现象。认知主体以为对象正如自己所希望的那样。例如：一个表现优秀的员工，希望管理者赞美自己，那么这时候管理者任何一句正面的评价，都会让员工觉得是极大的夸赞。

情感投射。一般来说，人们对自己喜欢的人越看越欣赏；对自己不喜欢的人，则越看越讨厌，越来越觉得他有很多缺点，令人难以容忍。

管理者只有深入了解投射效应的 3 种形式，并有效利用，才能避免自己在管理过程中出现认知偏差。与此同时，还能把自身优秀、积极的一面，投射到员工身上，进而成为团队的行为标杆。

利用积极投射：做出正确的行为

准时上班，不迟到，不早退。例如：员工每天签到打卡，管理者也需要签到打卡。如果管理者迟到了，同样需要主动接受惩罚。

如何有效利用投射效应

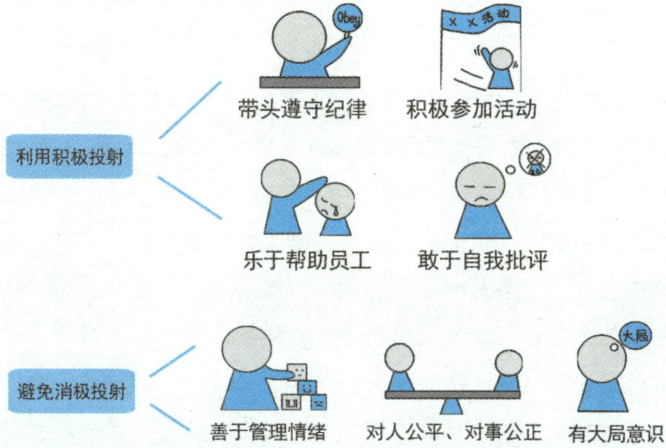

积极参加活动。例如：管理者要积极参加一些游戏、聚餐、旅游等活动，调动大家的积极性和热情。

做员工的“雷锋”。例如：当员工遇到问题、处于困境时，管理者能够及时伸出援助之手。当团队遇到困难和挫折时，管理者敢于第一个站出来承担责任，带领团队一起解决问题。

敢于认错、敢于接受。当员工当面指出错误时，管理者要敢于正视并接纳自己的不足之处。尤其是在面对敢于质疑、敢于打破权威的新生代员工，管理者更应该保持谦逊和学习的心态，敢于认错和正视自己。

避免消极投射：消除个人意识

遇事不情绪化。例如：面对坏消息，能够合理地控制自己的情绪，避免负面情绪影响到员工。

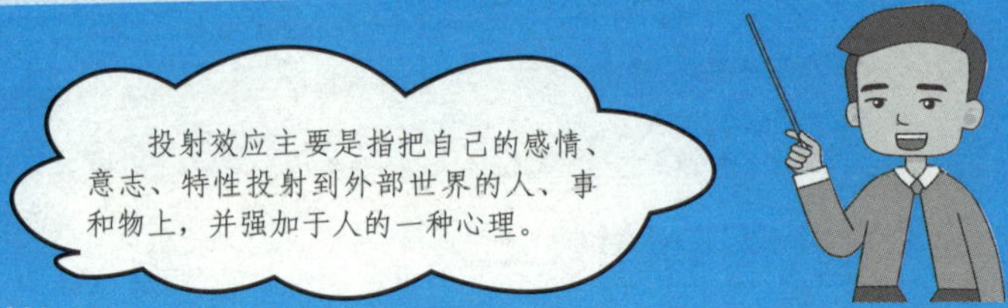

对人客观、公正。管理者不掺杂个人情感，公正、平等地对待每位员工。例如：在公司晋升中能够根据员工的真实表现公正地进行提拔；当两个员工产生矛盾时，能够杜绝偏袒，合理妥善地解决问题。

对事理性、客观。管理者在处理问题上，能够就事论事。例如：某个员工经常向管理者抱怨另一个员工的工作能力差、爱偷懒，这时候管理者不能听信一面之词，武断地判定员工存在问题，而是应该理性、客观地看待问题或根据实地观察帮助自己做出判断。

以大局为重，有团队精神。例如：在做出决策时，管理者应以团队利益为主，站在整个团队发展的角度，做出决策；当个人利益与团队利益发生冲突时，管理者能够以大局为重，维护群体利益。

有实力的管理者才有吸引力 04

章小万在工作中遇到一个难题，同小鑫商讨了半天也无法解决，只好向周总请教。等章小万把问题说清楚，周总就找到了问题的突破口，让章小万茅塞顿开。章小万感慨道：“难怪人家能当管理者！”

“实力派”逐渐成为 80 后、90 后追捧的热词。当演员，讲究实力，不然演技不压群难以征服他人；当作家，讲究实力，否则写出的东西无人欣赏；当管理者更讲究实力，不然难以服众。在工作中，管理者之所以被称为“领导”，不仅是因为其具备阅历、人际关系上的优势，还在于管理者具备强大的实力，拥有员工达不到的水平和高度。

1977 年，罗伯特 · 豪斯（Robert J. House）提出了“魅力型领导理论”。该理论认为，“魅力”一词应该从领导对追随者的影响或领导与下属关系的角度描述。也就是说，所谓的魅力型领导，指的是能够对被管理者产生强大吸引力，通过自身超凡的实力影响下属，从而实现团队目标。

然而，随着社会发展的变化以及创业高潮的出现，涌现了大量能力参差不齐的“管理者”，导致领导的标准和水平逐渐降低，这些管理者主要

是依靠权力的影响力管理和征服员工。但是对敢于质疑、勇于创新的新生代员工而言，权力的影响力很多时候不仅不能征服他们，反而会让他们产生抵触心理。相反，拥有强大的非权力的影响力，即拥有真正实力的管理者才能吸引他们、征服他们。管理者心理学研究表明，这种影响力具备以下特点：自然性的、非法定权力性的；不是简单的外部动力，而是发自员工内心的、自愿接受影响的过程；两者的关系更为和谐；比权力的影响力更强大、更持久。

提高修养，注重品格

要想成为一名有实力的管理者，首先要有崇高的道德素质修养和品格，这也是管理者影响力的重要成分。

道德。道德品质是一个人生命的重要组成部分，对管理者而言更是如此。例如：管理者要懂得欣赏员工的优点，而不是一味地批评员工的缺点。

品行。管理者应该有良好的品行，如对工作尽职尽责，对员工体贴关怀。

如何成为有实力的管理者

性格。面对员工要友善，管理者要学会控制自己的情绪，以温和的性格与员工相处。

作风。领导作风是管理者在团队活动中言行和态度的体现，会深刻影响员工。

不断学习，完善知识体系

学习专业知识。例如：在互联网公司工作需要学习网络、信息技术方面的专业知识；在电子商务公司工作需要学习电商方面的专业知识。

学习管理知识。例如：多看经管类图书、在线观看管理方面的视频以及参加管理方面的培训等。

学习信息智能技术。例如：掌握一些有利于管理的办公软件、与员工进行在线培训、在线互动交流。

拓展业余兴趣。管理者不仅要学习专业技能，还需要培养一些业余兴趣

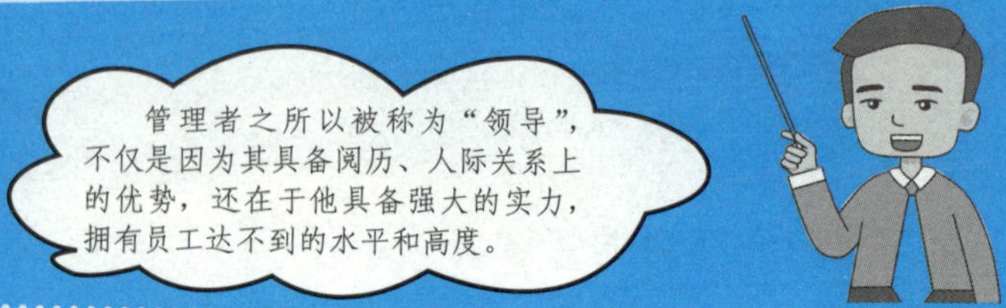

和才能，如绘画、音乐、体育等，以提高自己的个人魅力。

了解新潮流文化。这能促进与新生代员工的交流，减少代际矛盾；利用新潮流，分析和预测市场发展趋势。

拥有创新理念，走在前沿

培养创新意识，激发创造活力。例如：管理者在工作中，尽可能承担具有挑战性、有策划意识的工作，培养设计和创新能力；在学习过程中，敢于质疑和突破原有的方法和观念，形成自己独到的思维模式。

保持对事物的好奇心，形成新的认知和见解。例如：管理者尝试新事物，体验没有接触过的娱乐活动、流行文化等。

拥有较强的信息筛选能力。例如：管理者学习先进的管理理念，借鉴前人管理经验，取其精华，去其糟粕。这里需要注意的是，管理者要融入自己的思考，避免照搬照套。

有长远目光，对未来发展有清晰的认识。例如：制定规划，如团队的月目标是什么，具体可实现的方案是什么，需要员工做出哪些努力和改变等，需要有清晰的认识和具体详细的计划。

多角度看待事情，培养开拓型思维。例如：管理者经常与新生代员工交流，深入了解他们的想法和需求，为管理工作提供新的想法和见解。

真实领导，有小缺点更有魅力 05

早上刚到办公室，周总突然“哎呀”一声，说道：“我的车钥匙又忘记拔了，唉！真是年纪大了！”章小万等人在后面偷笑：“想不到周总也犯这种‘低级错误’啊。”

很多管理者为了使自己在员工心目中拥有一个完美的形象，尽力隐藏自己的缺陷。他们希望让员工看到一个完美的管理者，以为这样就能保持自己的魅力。人人都是凡人，如果管理者非要把自己打造成一个不食人间烟火的“圣人”，员工非但不会敬仰，反而会因为不敢亲近而渐渐疏远。新生代的员工不喜欢“一本正经”的管理者，他们需要的是一个“接地气”的朋友。

管理者不要过于在意生活或工作中的一些小缺点，有时候它们会让你显得更真实。这种“真实”在管理心理学中被称为“真实性领导力理论”。这个概念是于 2003 年，被美国管理学选为“2001 年度风云高阶经理人”的比尔 · 乔治(Bill George)提出的。他认为管理者的行为要忠于自我表现，而非人格。领导的态度应该是管理者衷心希望由自己的本性，真实领导并

服务他人，坦荡面对自己的阴暗面，建立真实的价值观。

一般来说，管理者不愿意展露自己的小缺点有以下几点心理原因。

榜样的束缚。多数管理者不愿意真实展现自己的原因在于“榜样”的束缚。他们时刻想着我是管理者，我要给员工做出榜样，因此不想让员工看到自己的缺点。

心智不成熟。很多时候管理者会有一种争强好胜的心理，他们觉得自己身为领导，理应比员工优秀，员工都没有的缺点自己更不应该有，因此竭力隐藏自身的缺点。

模仿优秀。多数管理者喜欢模仿那些比较优秀的管理者，从而获得强大的领导魅力，殊不知在模仿的过程中丢掉了属于自身的领导魅力。

敢于直面自身的缺点，对自己真实

全面看待自己。管理者如果只想展现自身的优点而隐藏缺点，那么他恰恰就是在展现残缺的自己，很难征服员工。

管理者如何做到真实领导

不逃避现实，客观对待。多数管理者在面对自身的缺点时会选择逃避现实，即不愿意承认自己的缺点，并且极力将它掩盖，这样做往往会适得其反。所以管理者应该客观看待自身的缺点。例如：管理者在空余时间喜欢玩玩游戏，而很多员工也是如此，当管理者将这个展现出来之后，很有可能会因此和员工打成一片。但是如果管理者将自己完美地包装起来，就会因此和员工找不到共性，从而在自己和员工之间画了一条隔离线。

缺点要改，错误要罚。面对自身的缺点，管理者最应当做的就是努力改正而不是努力隐藏。此外，管理者犯错时也要及时承认错误并甘愿主动接受处罚。

培养成熟的心智，为信念所驱使

丢掉榜样的束缚。很多管理者因为“榜样”的力量不断地追求完

美、隐藏缺点，从而失去了真实的自己。其实不仅是管理者，这种束缚在生活中也随处可见。如优秀员工要让自己表现得和普通员工不同，明星平时也要注意言行……而想要做真实的管理者，就要丢弃这种包袱，让自己的思想从“榜样”中解放出来。如放弃最优心态，不与员工争强好胜，要有“员工未必不如管理者，管理者也未必一定要强于员工”的良好心态。

有主见，不盲目追随他人。模仿其他管理者让自己变得更优秀并不是一个不可取的方法，但想要通过模仿他人让自己变得更具有领导魅力很难，因为每个人的魅力独特，不是轻易能够模仿的。虽然管理者可以模仿、借鉴他人的管理方法，但是在领导魅力上，要有主见，不能盲目追随别人。

由“心”领导，用感情征服下属 06

上班的时候，章小万感觉不太舒服，就在办公桌上趴了一会儿。周总从旁边经过，关心地问道：“小万，你这是身体不舒服吗？要不要先去休息会？有什么需要及时和我说啊！”

想要带好团队，管理者就要由“心”领导，用感情征服下属。尤其是对新生代的员工来说，他们更喜欢温暖、有情感的事物。在工作层面，他们希望工作就像在家里一样，希望领导看重的不仅是绩效，还希望领导能给予更多的关心。种种迹象表明，他们已经达到了马斯洛需求层次理论的前两层——生理需求和安全需求，开始向第三层情感和归属需求迈进。简而言之，就是跨越物质需求寻找感情需求。

这种情感需求对他们而言，是一种强大的驱动力，主导着他们的行为。一旦这种需求得不到满足，员工就会产生厌倦工作的心理。但是在很多管理者看来，嘘寒问暖这些事情似乎有失威严，他们更倾向于制度上的管理，认为只要创造出高绩效，员工和公司都能获得双赢，这样就足够了。然而，对新生代的员工而言，“赢”并不在工作中的报酬，而在于是否开心工作。

管理者的威望让员工心悦诚服，而其中的情感因素是构成威望的关键因素之一。一旦管理者与员工建立了亲密、融洽的情感关系，双方的距离就会拉近，在工作中很容易建立协同的合作关系。此外，管理心理学中还提到服务型领导理论，是指超越个人的利益，努力满足追随者的心理、生理和情感的需求。所以，很多时候情感管理比制度管理更能征服新生代员工。

个性化关怀：温暖你的员工

个性化关怀是指管理者仔细聆听、发掘员工的需求，并努力为员工创造一种支持的氛围，以此让员工意识到自己在团队中的重要性，激发其高层次的需求，进而为团队创造更大的利益。

在工作中成为员工的教练。管理者应及时指出员工的不足之处，并帮助其改正，助力员工实现需求和发展。

在生活中成为员工的朋友。放下领导的架子，管理者要给予员工贴心的关怀。

如何才能用情感征服你的员工

精神管家：给员工贴心的“服务”

管理者在团队中不仅是行为领袖，更是精神领袖。因此，为了用情感征服下属，管理者需要成为员工的精神管家。

不求赞誉和回报。在为团队的员工提供管理服务时，管理者要不求赞誉和回报。

谦虚学习。放下管理者的身份，融入员工，虚心向员工学习。

愿意牺牲。管理者切忌只顾及个人利益，而忽视团队及员工的利益。很多时候，为了顾全大局，管理者需要做出适当的牺牲。

主动服务。管理者要善于观察员工，并挖掘员工的需求，主动为员工提供服务。例如：当员工需要相关工作资料，管理者可以及时、主动提供。

肩负责任。管理者不仅是一个职位，更是一种责任。因此，当员工或团队遇到任何事情的时候，管理者需要第一时间站出来承担责任。

07 胸怀宽广会让人甘心效力

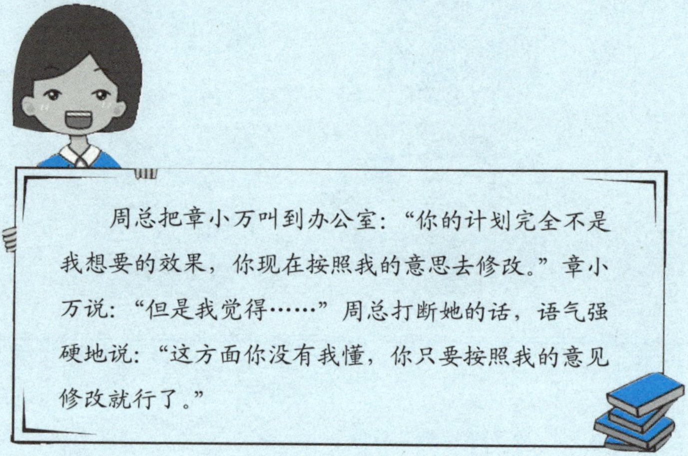

周总把章小万叫到办公室："你的计划完全不是我想要的效果，你现在按照我的意思去修改。"章小万说："但是我觉得……"周总打断她的话，语气强硬地说："这方面你没有我懂，你只要按照我的意见修改就行了。"

在管理工作中，宽广的胸怀是管理者履行职责和重用贤能的基础。尤其是对创造力强、想法独特的新生代员工而言，他们更需要一个能够宽容他们的管理者。

管理学大师德鲁克（Druken）曾说过："管理者的任务，在于运用每个人的才干，以一当十，以十当百，产生相乘的效果。"因此，管理者的能力与品质很重要。而管理者的品质除了能力素质外，心理素质也十分重要，能决定员工是否对管理者甘心效力。

但是，现在很多管理者还是以自我为中心，很难做到以宽容之心对待员工。如果员工经常被否定，其身上的闪光点终将被磨灭。

很多管理者认为，树立权威的方法就是任何事情自己说了算，提高工作

效率就是要严格要求员工。但是在员工看来，管理者的这种做法就是强行“压迫”，逼着自己认同他的观点。久而久之，员工内心就会产生逆反心理。

培养良好的认知

自我认知。管理者自身应该具备良好的认知能力，清楚地知道自己的身份和角色，并且有深刻的思维，透过现象看本质。

对他人的认知。管理者应全面观察员工，了解员工的优点和缺点。很多时候人的优点和缺点并没有太具体的界限，在某种程度上，优点和缺点是可以相互转化的。因此，管理者应该正确看待并接纳员工的短处。例如：面对一个不善言辞的员工，可以安排其处理一些文职类的工作。

管理者如何才能练就宽广的胸怀

培养良好的认知

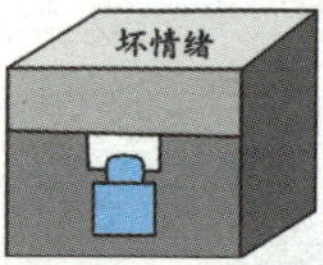

控制消极的情绪

训练坚强的意志

控制消极的情绪

积极的心态。无论遇到任何事情，管理者要保持积极的心态，消除员工的紧张感，给足员工信心。

理智的情感。管理者切忌在工作中带入过多的个人情感，无论是对事还是对人，都需要努力调整心态，时刻保持理智的情感。例如：在为工作上的某个项目制定方案时，管理者不能仅凭自己的主观意见武断决定，应召开小组讨论会议，让大家畅所欲言，大胆地提出自己的想法。

训练坚强的意志

面对困难，坚韧不拔。在面对困难时，管理者要迎难而上，敢于面对一切困难。

严于律己，宽以待人。管理者宽广的胸怀不仅指要宽容对待下属，还要严于律己，严格遵守团队的规则制度，犯了错误同样要受罚。

第 4 章

团队凝聚管理心理学——凝聚人心，让团队力量最大化

01 信任是凝聚人心的基石

周总给小鑫安排了一项重要的任务，小鑫欣然接受并保证会在规定的时间内完成。没想到，周总每天都来询问："今天怎么样？做到哪里了？"小鑫心中抱怨道："既然不相信我，为什么还把工作交给我？"

管理者想要建立一支强大的团队，与员工建立信任才是最基础的。在心理学上，信任是个人在权衡他方和己方的利益关系后，双方相互做出承诺后建立起来的一种人际关系。它是一种心理层面的活动交流，是由个人价值观、态度、心情及情绪和个人魅力交互作用的结果，具有一定的稳定性和脆弱性。任何一方不能履行承诺，这种关系就会破灭。

管理者与员工互不信任会导致整个团队分崩离析。在管理上，管理者不相信员工能认真工作，时时监控员工，会引起员工的反感，造成员工不愿意服从领导或制度，管理难度自然会增加；在任务分配上，员工难以理解管理者的真实意图，管理者的想法得不到落实，影响团队的工作效率；在沟通上，员工不愿意与管理者深入交流，双方就会存在一定的隔阂和误解，矛盾也会越来越多，形成恶性循环，管理者与员工就会离心离德。

管理者的业务能力和管理能力能够服众

展现自己的业务能力。例如：销售主管可以通过整体市场布局、市场资源配置计划、营销方案的制定、营销计划的分解与落实、促销策划与执行等展现自己的能力，从而让员工心服口服，这样下属提供的销售意见才会被接受。

提升自己的管理能力。管理能力一部分来自书本，但更多的来自实践。例如：不断反思日常工作，总结经验教训，提高管理能力。管理者通过召开会议、培训，让员工发现自己有着充足的理论水平、丰富的实际经验，有能力管理好团队。

提升自己的学习能力。管理者所面临和需要解决的问题，远比普通员工多得多。管理者需要持续不断地学习新知识，提高能力，否则当员工遇到问题无法解决寻求帮助时，管理者的束手无策会降低员工的信任度。

管理者要坚守制度，言出必行

严格执行制度。一个制度不能有两套标准。例如：管理者对自己要求

如何有效解决团队的信任问题

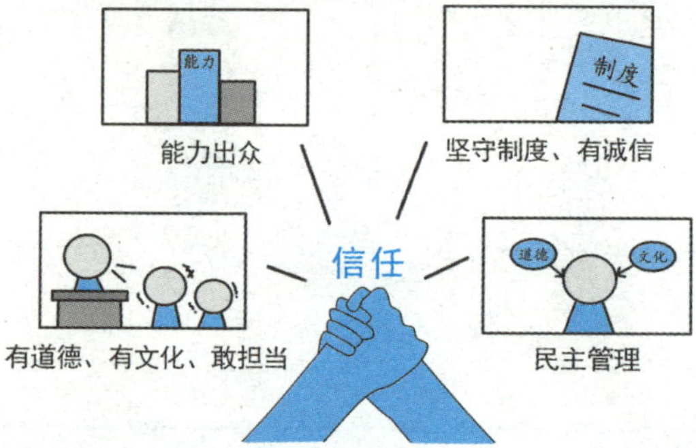

宽松，违反制度也不处罚，对员工却很严厉。制度不能朝令夕改，例如：频繁改动员工的薪酬制度，员工会对企业失去信心，工作没有干劲，没有成就感。

言必行、行必果。孟子曰："诚者，天之道，思诚者，人之道。"管理者要坚守诚信。例如：无法满足员工某方面的要求，就不要夸下海口，根据公司的实际情况，如实相告。

管理者要提高自身的领导素养

提高自己的道德与文化修养。管理者丰富的学识、优雅风趣的谈吐，会提高个人魅力。管理者优良的品德不仅是走好人生道路的必要条件，也是管理的资本。

敢于承担。敢于承担责任的管理者会让员工觉得可靠。例如：在团队蒙受损失时，管理者勇敢地站出来，承担过失，而不是将责任和过失全部推到员工身上。

重视培养和引导员工。无论是从公司长远的发展来看，还是从员工的管理层面来看，员工的成长是每位管理者的责任。例如：管理者要定期组织员工培训；在任务节点上，为员工指明方向；采取奖金或精神激励措施，鼓励员工快速成长。

做民主型管理者

信任员工的能力并协助团体成员的工作。欧阳修曾说："任人之道，要在不疑。宁可艰于择人，不可轻任而不信。"管理者要信任员工。例如：管理者把工作目标以及需要注意的地方向员工说明白以后，让员工自己决定工作的方式与进度，相信他们能够很好地完成工作。管理者对员工新颖的想法、可操作的建议给予支持并提供建议。

关心并满足团体成员的需要。员工在工作上遇到了难题，管理者要及时支持；在员工需要和其他部门对接时，管理者为员工提供合作成员的名单和联系方式；在员工利益受损时，管理者义不容辞地为员工争取应得的利益。

管理者与员工保持民主、平等的关系。管理者放下架子主动与他们接触。只有主动与他们友好沟通，建立一种朋友、同事加上下级关系，管理者才能赢得他们的认同和信赖，更好地与他们打成一片。

02 士气是提高凝聚力的阶梯

周总组织下属召开一个较难项目的启动会。会上，周总问大家有没有信心共同努力完成这次任务，下属都低着头不说话。周总说："这点儿信心都没有吗？怎么一遇到难题你们想的都是退缩，而不是勇敢地站出来迎接挑战呢？"

团队凝聚力在内部表现为团队成员之间的融合度和团队士气。在心理学上，士气是指维持意志行为的具有积极主动的动机，士气是意志过程和相应的具有积极主动性的心理特征相结合的结果。延伸到现代企业和组织中，士气表示团体的工作精神、服务精神和团队精神。

士气的作用在于激发人们的体力、精力、能力等潜在的生理能量和心理能量。团队若具有激昂的士气，不但可以增强团队的凝聚力以及潜在的能力，更能在工作中克服遇到的困难和挫折，为团队的组织发展和完成目标带来很多裨益。团队之所以会士气低下，主要原因有以下 4 点。

团队成员不认同目标。士气是一种团体意识，如果管理者制定的团队目标无法得到员工的认可，大家就不会拥护管理者，更不会协作完成目标。

士气低下的原因

利益分配不合理。对一些员工而言，他们对工作的态度是“我干了多少活，你一定要给我多少钱”，一旦觉得利益分配得不合理，就会引起员工内心的不满，挫伤他们工作的积极性，降低团队士气。

员工需求得不到满足。对员工而言，工作是为了满足精神或物质上的某种需求，一旦需求无法满足，便会对工作失去信心，丧失斗志。如员工需要管理者更多的关心，但管理者只会在员工遇到困难时责备员工。

管理者的独断专行。很多管理者在管理工作中，都是单向沟通，什么事情都由自己说了算，独断专行的管理方式降低了员工的士气。

构建共同目标

管理者欲提升团队的士气，就要为整个团队构建共同的目标和愿景，让员工和管理者上下齐心，同频共振向同一个方向努力。例如：将个人目标与团队目标相结合，不能漠视团队成员的愿望，否则会令部分人脱离集体。将目标通过数字量化出来，目标既要合理又要有挑战性。设定的目标既要能刺激团

如何提高团队的士气

设置共同目标　打造温馨氛围　持续学习　构建惩奖机制

队成员的斗志，又要让成员通过努力可以达成。

营造温暖的团队氛围

团队其实也是由管理者和员工组成的一个大家庭。管理者作为这个大家庭的家长，需要给每位成员带去温暖。例如：员工家里遇到麻烦，靠个人能力无法解决，管理者可以发动大家出谋划策，有钱出钱，有力出力；鼓励队员提建议，参与内部讨论和决策，使其感觉被需要，进而发挥自己最大的能力。

持续学习

具有学习力的团队才是有士气的团队，培养学习型团队很重要。管理者要时刻学习各种知识，在员工面前起到带头作用。例如：给团队购买书籍；借助多媒体定期组织团队成员学习；举行知识问答活动。丰富的知识可以提高解决问题的能力，增加员工的信心，提升团队的士气。

构建奖惩机制

管理者可以通过建立公平公正的激励政策鼓舞士气。例如：对高效完成工作的员工，在会议上公开表扬并给予物质奖励，增强获奖者的信心和激情，进而贡献更大的能量；对违纪犯错的员工要及时纠正，适度批评，不可姑息，使其影响整个团队的正面言行。

建立良好的人际关系 03

章小万找到小鑫说：“周总让我写一份公司新产品的销售方案，可是我对新产品的性能和用途都不太了解，想请你协助一下。”

小鑫以工作太忙为由拒绝了章小万。章小万向周总反映了这个情况，周总很生气，批评了小鑫。小鑫委屈地说：“周总，我的工作也很多，而且协助章小万完成销售方案不是我的本职工作。”

心理学将人际关系定义为人与人相互交往、联系和影响而形成的心理行为关系。自有人类社会以来，人就有交往的需要。人际关系是人类得以生存、人类社会得以存在和发展的基础和保证。人际交往将人与人、人与群体联结并形成相互作用、相互影响及共同发展的网络系统。

人际关系是团结和凝聚力的基础，往往能反映团体的士气、凝聚力的高低与气氛的好坏。团体人际关系是指以社会生活为背景，通过互动形成的人们之间的心理与行为关系。团体人际关系是社会关系、生产关系和经济关系的具体体现。

良好的人际关系更有利于团队发展

人际关系是影响人成长的软环境。在团队管理中，良好的人际关系是工作之本。它既有助于展开内部工作，又能够帮助管理者与员工开展深入交流和深度合作。管理者作为团队中的核心人物，要想带领团队发展得更好，自然要发挥主导作用，积极主动地与员工建立良好的人际关系，引导员工实现快速成长和发展。

交流信息。通过与员工的密切交流，管理者可以把企业有关人员招聘与选拔、培训、晋升、薪酬福利等信息有效地传递给员工，管理者也可以了解员工的兴趣爱好，收集员工对管理方面的建议和意见。

调节员工的工作行为。良好的人际关系能让员工学到知识、增进感情、建立友谊，提高员工的工作积极性，创造良好的工作环境，激发员工的创造力。

保持员工的身心健康。员工通过向领导或同事诉说自己的喜怒哀乐，宣泄各种不良情绪，消除心中的苦闷，驱除心理上的压抑，可以保持身心健康。

管理者如何与员工建立良好的人际关系

密切交流

建立情感

与员工密切交流，懂员工的喜怒哀乐

良好的沟通是建立牢固工作关系的第一步，具体可以考虑以下几点。

工作交流。管理者与员工的交流主要以工作交流为主。例如：询问员工对公司发展有什么意见和建议；询问员工对某项任务有怎样的见解和想法；与员工共同商讨方案等。

生活交流。管理者与员工的交流以生活交流为辅。例如：可以询问员工的家庭情况、毕业学校和以前的工作，也可以询问员工爱读哪些书、爱看哪些电影、爱听哪些音乐等，这些都是有效促进彼此交流的话题。

情感交流。情感交流起着辅助性作用。例如：询问员工有对象了吗？最近工作遇到什么麻烦了吗？这些话题是交流的切入点，对建立良好的工

作关系有推动作用。

与员工建立情感，做员工的良师益友

为员工提供情感归属是拉近两者距离的有效途径，尤其是对新生代员工来说，他们更注重情感需求，渴望得到来自他人的关怀和理解。为此，管理者可以从以下几点入手。

做员工的朋友。例如：在工作中，放下领导的架子，以朋友的身份与员工进行平等的对话，尊重员工的看法；在生活中，可以亲切地与员工聊兴趣、爱好、人生等。

做员工的家人。为员工营造一个和谐、温暖的团队氛围，给员工家的感觉。例如：在员工过生日时，团队陪他一起过，让员工感受来自团队的温暖；在员工生活遇到困难时，鼓励其他员工一起帮助他，陪他渡过难关。

做员工的良师，做员工的引路人。例如：在员工工作面临压力时，帮助员工疏导心理、排解不良情绪；当员工出现工作问题时，采取多认可少批评的管理模式，先给予相应的肯定，再提出不足之处，并耐心地为其讲解。这样员工才愿意敞开心扉，听从领导的建议。

从众效应：引导团队成员保持一致 04

周总最近家里有事，经常迟到。其他部门的一些领导不知为何也经常迟到。不知道从什么时候开始，团队中的很多人也经常迟到。

周总和其他部门的一些领导作为团队管理者经常迟到，导致团队成员也开始迟到，这就是心理学中的“从众效应”。个体受到群体的影响（引导或施加的压力），会怀疑并改变自己的观点、判断和行为，朝着与群体大多数人的方向变化，也就是人们通常所说的“随大流”。

从众效应作为一个心理学概念，是指个体在真实的或臆想的群体压力下，在认知或行动上以多数人或权威人物的行为为准则，进而在行动上努力与之趋向一致的现象。从众效应既包括思想上的从众，又包括行为上的从众。从众是一种普遍的社会心理现象，从众效应本身并无好坏之分，其作用取决于在什么问题上、什么场合中产生从众行为，具体表现在两个方面。

具有积极作用的从众正效应。例如：别人在支援灾区人民时，你也会献上一份力。

发挥积极的从众正效应

避免消极的的从众负效应

具有消极作用的从众负效应。例如：路上行人闯红灯，别人也会跟着一起闯红灯。

积极的从众效应可以互相激励情绪，有利于营造良好的社会氛围并使个体心理平衡，反之亦然。在团队的管理应用中，管理者可以适当采取一些有效措施，引导积极的从众行为，使员工行为保持一致，形成一种合力。

树立榜样

团队必须树立榜样，因为榜样的力量是巨大的。可以激励团队其他成员，提高正能量，从而发挥从众效应的积极作用。具体方法可以从以下几点考虑。

如何发挥从众效应的积极作用

榜样作用

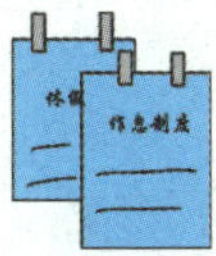

合理的制度

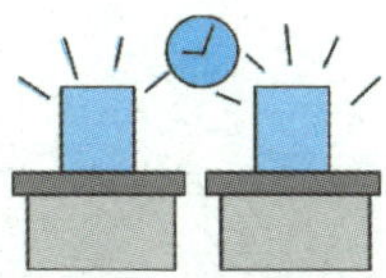

避免从众负效应

管理者的榜样作用。管理者的言行举止是团队成员行为的风向标，管理者不可以忽视自己对团队成员的影响力，所以管理者要严格约束自己的行为。要想让员工成为一个什么样的人，管理者首先就要成为这样一个人。管理者严于律己，宽以待人，员工就不会纪律松散，苛责别人。

优秀员工的榜样作用。优秀员工从工作能力、工作态度和工作业绩上要比其他员工略胜一筹。在团队管理中发挥优秀员工的示范作用，增进优秀员工与同事的沟通了解，互相学习、帮助提高。在和谐愉悦的氛围中，让优秀员工的一言一行潜移默化地影响其他员工。

此外，管理者可以公开对优秀员工进行奖励，在办公区域、公司的网站主页上公开优秀员工的个人信息和获得的成绩。这样不仅能激发优秀员工的使命感、责任感和自豪感，还对其他员工起到激励作用，增强他们对企业发展前景的信心和决心。

制定合理的行为规范制度

合理的作息制度。例如：上班时间、休息时间、吃饭时间、下班时间都需要一个科学合理的标准，否则一些员工迟到、一些员工早退，就会影响整个团队的一致性。

合理的请假制度。例如：对于请假需要制定一定的范围和标准，如员

工请病假、婚假、事假等，要根据员工的具体情况批假，尽量体现人性化，保证灵活性。

避免从众效应的负面影响

员工不合理的从众行为也会导致很多负面影响。例如：管理者做事喜欢拖延，日常工作不能及时完成，导致员工也养成工作拖延的习惯，整个团队的工作效率低下。管理者在日常工作中需要时刻警惕这种消极的从众行为，当发现员工存在这种盲目的、负面的从众行为时，要及时制止并消除。

出现“小团队”，如何管理 05

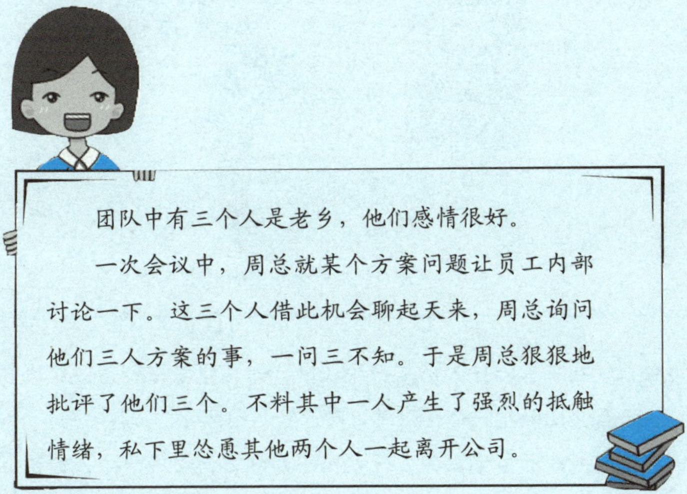

“小团队”就是一个团队里的员工因为共同地域、亲缘关系、共同利益、共同理想等因素而聚集在一起的团体。一般情况下，“小团队”在团队中具有两面性。积极的“小团队”可以为员工提供情感关怀，引领员工朝着好的方向努力和发展。而消极的“小团队”很有可能传递不良的工作作风，影响整个团队的和谐与团结。

从心理学上分析，一些员工形成“小团队”是为了共同的爱好，例如：大家都喜欢钓鱼，组建“小团队”是为了在闲暇时一起去钓鱼；一些人形成“小团队”是为了集中大家的力量，完成一个共同的项目，如对个人而言，要想完成某个项目是很困难的，这时候组建“小团队”集思广益，群策群

避免“小团队”的消极作用

力完成项目；再如，一些人形成“小团队”是为了获取利益或者巩固自己的地位，使整个团队里只存在比不上自己及听自己话的人。

例如：在章小万的团队中，三名员工是老乡，其中一个人的逆反情绪很容易影响和干扰另外两名员工，导致其他两名员工不愿意服从管理，严重阻碍了领导的管理工作。

管理者只有管理好“小团队”，发挥“小团队”的优势和积极作用，才能稳定整个团队的氛围和情绪，减轻管理者的压力和阻力，才能促进工作的进展，保证团队更快、更好地完成工作。

“擒贼先擒王”

每个“小团体”中都会有一个代表，这个代表在“小团体”中起着核心作用，能够凝聚“小团体”成员的力量，引导成员朝他们想到的方向发展。管理者如何让这个员工代表发挥积极的作用呢?

重视员工代表的培养。例如：在平时的培训和会议中，多关注员工代

如何有效管理团队中的“小团队”

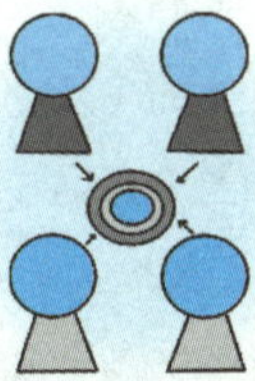
淡化“小团队”意识

引导“小团队”代表发挥积极作用

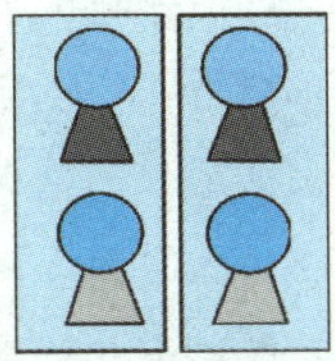
打破“小团队”的结构

表的成长和进步；在分配任务中，多给员工代表分配一些具有挑战性的任务，提高员工代表的工作能力；在提反馈意见时，更加用心地引导和培养员工代表。

建立一定的信任基础。例如：在工作中，管理者要下放一定的管理权力，交给员工代表处理某些事情，让员工受到信任和重视；在公司面临危机或者遇到问题时，管理者要对员工代表表示一定的期待，激发员工代表的热情和斗志。

培养一定的共识。例如：管理者要经常与员工代表交流，分享彼此的看法；多倾听员工代表的声音，鼓励员工代表说出对团队的意见和建议；管理者私下也可以约员工代表一起看电影或参加活动等。

拆散“小团队”

从团队管理者的角度来看，一旦“小团队”消极的影响力过于强大，

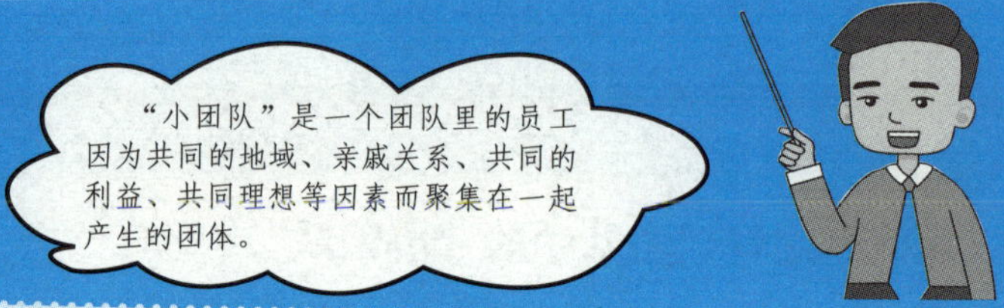

严重干扰正常的管理，就需要采取措施拆散“小团队”。

淡化“小团队”意识。例如：管理者从整体的角度入手，利用与其他部门的竞争强调整个团队的荣誉感；经常带领整个团队参加活动，培养团队的文化，鼓励员工之间互动和交流，鼓励他们拓展人际圈。

在工作安排上“重新洗牌”。例如：管理者可以改变原本自主选择搭档的工作模式，根据员工的具体特点以及工作情况搭配人员，可以是老员工带新员工的模式，也可以是男女搭配的工作模式，总之根据实际情况，进行最佳搭配和分工；管理者在公司的值日表安排上也需要做出改动，以此加强团队之间的互动与交流。

推行共同讨论，打破内部讨论。例如：在会议中，管理者可以鼓励大家一起参与讨论，共同分享想法，而不是让员工内部自行讨论；当员工有反馈意见和工作有新情况时，管理者可以鼓励员工向上司汇报，而不是内部之间互相打掩护。

塑造优秀的团队文化 06

周总推崇传统文化中的“和”文化，认为不管工作还是家庭都要“以和为贵”。他把这种理念带入团队文化中，形成“和”的团队精神。团队在这种文化的影响下，每个员工都把团队的目标当成自己的目标，把团队的荣辱当成自己的荣辱，整个团队不但工作效率很高，而且团队成员关系融洽，形成了足够强大的凝聚力。

团队文化是指团队成员在相互合作的过程中，为实现各自的人生价值，并为完成团队的共同目标形成的一种潜意识文化。团队文化是社会文化与团队长期形成的传统文化观念的产物，以全体员工为工作对象，通过宣传、教育、培训、文化娱乐、交心联谊等方式，最大限度地统一员工意志，规范员工行为，凝聚员工力量，为团队总目标服务。

团队文化是由以下六要素构成的。

人。人是构成一个团队最基本的要素，也是形成团队文化的核心力量。

共同目标。团队成员要有共同目标，共同目标能够为团队发展指明方向。

埃德加·沙因文化层次模型

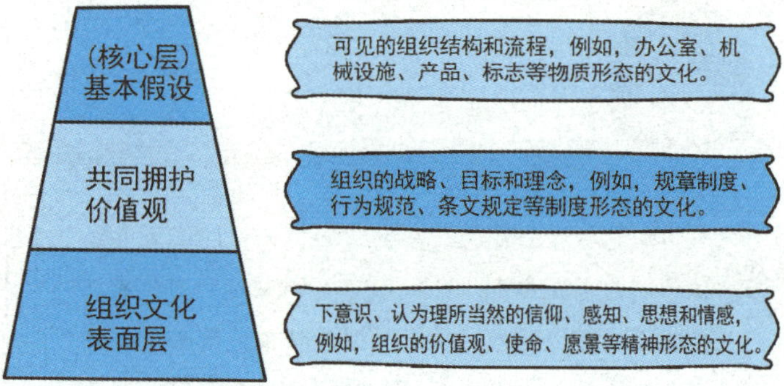

团队的定位。团队的每位成员都要有自己的定位，知道团队最终应对谁负责，由谁来决定团队人选。

制度。规定组织及团队内部人员的权限，以及团队要制定自己的制度和激励方式。

计划。实现目标的计划和步骤。

美国麻省理工学院斯隆商学院的埃德加·沙因（Edgar H. Schein）教授在管理心理学上把组织文化分成3个层次，并由此建立了一个“埃德加·沙因文化层次模型”。

根据埃德加·沙因文化层次模型，当团队文化核心层形成以后，管理者就不需要用过多外界的力量规范团队成员的行为，团队文化已经是员工行为养成的最大动力，而对团队文化核心层的形成影响最大的就是团队管理者。

如何建设优秀的团队文化

选择优秀的团队管理者

优秀的团队文化需要优秀的团队管理者。每个管理者都有自己的性格特点和做事风格，这些会对团队文化形成一定的影响。在组建团队、培养团队文化时，要选择适合这个团队发展的管理者。例如：一个性格被动的领导是不适合带领团队冲锋陷阵的。

加强团队制度建设与管理

为团队建立公平、透明、严谨的制度，有效约束员工的行为规范， 防止员工因为松散的纪律给团队带来不必要的损失。

保持活力。通过建立有效的激励方式，刺激员工的工作热情以及员工的创造性。

设置目标。为团队的发展设置一个目标。

积极向上的团队文化和优良的团队精神是一个团队发展的“永动机”，可以为团队的发展提供源源不断的动力。

必备的专业知识。团队的每位成员必须具有相关的专业知识和专业技能，这是保证团队能够顺利完成工作的前提。同时，管理者还需要为员工创造不断学习的机会。

相互尊重、相互理解

不管是管理者与员工，还是员工与员工都要相互尊重和理解。管理者不能因为职位比普通员工高，就让自己“高高在上”。同事之间也不能因为地域或性格、能力的差异，拉帮结派，对其他同事爱答不理。管理者要为团队营造相互尊重的氛围。尊重同事就是尊重自己，尊重团队。

管理好团队情绪

团队成员的性格各异、能力不同，在工作中难免会出现各种摩擦，员工要学会管理自己的情绪，学会和不同的同事和平相处，当实在无法控制情绪的时候，要找到合适的发泄渠道。管理者要适时引导员工避免摩擦，解决矛盾。

培养团队的创新精神

管理者在管理团队时要鼓励员工大胆创新，不怕犯错。鼓励员工对所学或研究的事物抱有怀疑的态度，激发员工钻研探索的精神，培养团队的创新精神。员工自己也要有强烈的追求创新的欲望，坚持不懈地努力，勇敢地面对困难，培养自己的创新精神。

第 5 章

情绪管理心理学——扫除消极情绪，调动积极情绪

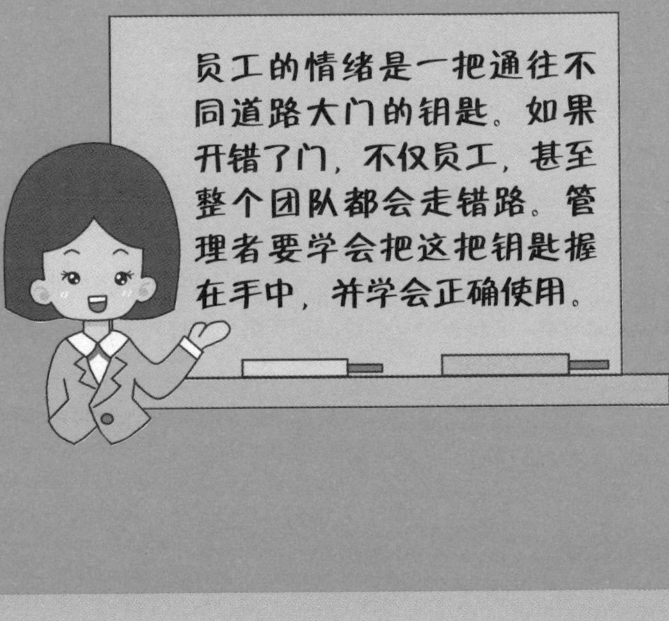

01 发现并识别团队的消极情绪

周总偶然听见，章小万和小维在茶水间发牢骚：“天天熬夜加班，烦死了！真想请假放松一下自己。”

无论是在生活还是工作中，人们都有情绪，有时候会焦躁不安，有时候会欣喜若狂，有时候会郁郁寡欢，有时候会满腔怒火。正是因为这些变化莫测的情绪，形成了人们复杂的内心世界，也让管理者认为员工“猜不透”，而员工自己也被情绪困扰。

从心理学的角度看，情绪是人脑的高级功能，是控制心理疾病、维护心理健康的关键因素，它是一种复杂的心理现象。管理心理学对基本情绪进行了分类。

积极情绪。积极情绪是与接近行为相伴产生的情绪，能够提高行动效能，促进高效率地解决问题，完成工作。

消极情绪。消极情绪是与回避行为相伴产生的情绪，会对人的生活和工作造成负面影响。

适当的消极情绪能够使人处于一种紧张的状态，有利于提高注意力。但

是，过于持久和强烈的消极情绪会对人的心理造成严重的伤害。如果不能及时发现、识别并消除这些消极情绪，很可能会引起严重的心理疾病。

发现消极情绪（Aware）

关注消极情绪的特征。每种消极情绪都具有独特性，而且背后都隐藏着明确的原因。例如：有些员工在处理事情的时候总是喜欢不停地发牢骚，而不是积极地解决问题；有些员工总是沉默，不喜欢发言。管理者可以通过了解这些消极情绪的特征，在它们出现的第一时间，就做出准确的判断和识别。

观察员工的日常行为表现。人的一切情绪都会通过他们的日常行为表现出来，因此，管理者可以通过观察员工的日常行为发现消极情绪。例如：某位员工平时表现得非常积极，但是某天忽然变得沉默不语，上班经常迟到，工作质量也开始下降。那么这名员工的心中一定是产生了消极情绪。

如何发现并识别团队的消极情绪

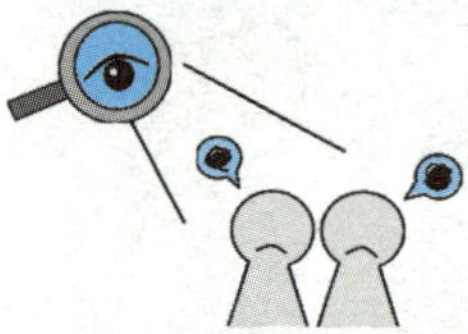

STEP1 发现消极情绪

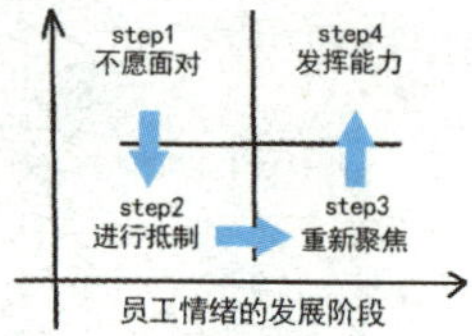

STEP2 接受消极情绪

STEP3 识别消极情绪的原因

接受消极情绪（Accept）

多数管理者在发现团队的消极情绪后，会用压制的方法解决，但是常常会因为压制过头，导致消极情绪爆发得更加猛烈，产生更大的危害。因此，管理者要学会接受消极情绪，以便更好地管理这些情绪。

当对员工的情绪进行压制而非接受的时候，团队效率将会大幅降低。而当管理者重新聚焦之后，团队的效率才开始逐步回升。因此，管理者从一开始就应该选择接受团队的消极情绪，并对这些情绪的表现形式和员工的行为方式进行总结分析，为情绪管理做好充分、全面的准备。

识别消极情绪（Analyze）

管理者要通过分析员工的心理活动和行为，识别团队产生消极情绪的

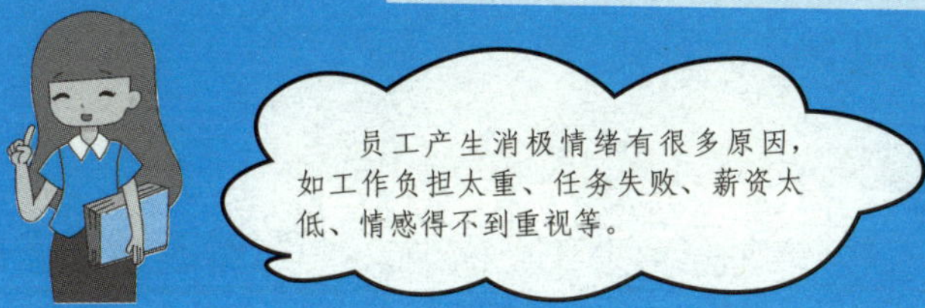

主要原因。

受害者心态。受害者心态因内心意外地受到了伤害所产生。如搞砸了某项工作，本来和这名员工没有任何关系，管理者却狠狠地把他批评了一顿，员工就会产生消极情绪。

坏人心态。员工自身的心态，例如："不求有功，但求无过"，以及员工本身就具有消极情绪，不愿意做出改变甚至还传给他人等。这些都是坏人心态，也是消极情绪产生的原因。

无助者心态。所谓无助者心态，是指团队出现了这种情绪，但是员工觉得自己并没有能力改变什么，或者说这种情绪是发展的趋势。例如：看到其他员工消极，自己也跟着消极，但其实本身并没有什么值得消极的事情。

02 情绪表达：保持及时沟通

最近一段时间，章小万每天都心事重重的样子。周总问他：“任务完成得怎么样了？”章小万说：“不是很顺利，遇到困难了。”周总问：“遇到问题为什么不反映呢？”章小万低着头难过地说：“我以为自己能解决，不想麻烦领导。”

情绪表达是指一个人情绪的外在表现，对人际关系和沟通有重要的影响。良好的情绪表达能够拉近彼此的距离，促进友好关系的建立。相反，如果情绪积压无法表达，将会给人造成严重的心理压力，进而影响到人的正常生活和工作。

精神分析学家弗洛伊德曾指出，能够良好表达情绪的人比不能良好表达情绪的人更快乐、更肯定自我，在生活中也不容易遭受压力。相反，研究表明，那些不善于表达情绪的人和那些喜欢抑制自己情绪的人，比较容易患抑郁症、心脏病等疾病。

在实际的工作中，管理者只看重绩效，认为员工有情绪是心智不够成熟的表现。但是大多数新生代员工并不懂得如何隐藏自己的情绪，而是喜

欢将自己的情绪表达出来。对他们而言，情绪表达是释放压力的一种方式，能让他们更好地投入工作。所以，团队管理者要和员工及时沟通，引导他们表达自己的情绪，并聆听。

注意员工情绪的变化，及早预判

人的情绪很容易通过一些面部表情或者行为态度表现出来。为了能够与员工及时沟通，让员工更好地表达自己的情绪，管理者需要时刻关注员工的一言一行，注意员工情绪的变化，及早做出预判。例如：一旦在工作中发现员工有消极情绪，管理者就应该找合适的机会，与员工交流。如发现员工上班的时候总是紧缩眉头，或者用力击打键盘，表明员工情绪有点暴躁。管理者可以找合适的机会与员工沟通，如“最近感觉工作状态怎么样”“有没有遇到困难”等。交谈时，注意员工回答问题时的表情和语气，通过这些分析、揣摩员工存在的负面情绪。

如何引导员工表达情绪

给员工创造“宣泄口”，让其充分表达情绪

人的负面情绪一旦爆发会很可怕，而导致负面情绪爆发的主要原因是没有在适当的时机找到“宣泄口”。为此，管理者在预判员工有负面情绪时，就要找个合适的时机，给员工创造“宣泄口”，让员工充分表达自己的情绪。

认真倾听对方情绪的表达。站在对方的角度，感受对方的情绪，以同理心与对方沟通。在倾听时可以用语言或者肢体动作体现对对方的关注，如微微向对方倾斜身子。

接受并尊重对方的情绪。排斥他人的情绪会造成沟通障碍，因此，管理者要接受并尊重对方的情绪。

适时回应，给予员工帮助。员工出现负面情绪，一定是遇到了棘手的事情。管理者在员工表达情绪之后，要对其情绪适时回应，并给予适当帮助。

情绪疏解：自我反思与换位思考 03

周总发现团队最近的工作效率一直在下降，整个团队的意志都比较消沉，团队氛围也让人感到压抑。他在例会上无奈地说："你们不要每天都和霜打的茄子一样，希望你们赶紧调整状态，好好工作！"

情绪疏解是指通过一些合适的方法对情绪进行疏通和缓解，让消极的情绪能够有效释放。但是在管理工作中，面对员工的消极情绪，管理者首先想到的不是帮助员工疏解，而是抱怨员工工作效率太低，情绪太多。有些管理者并没有试着寻找团队意志消沉、团队氛围压抑的原因，而是直接批评员工。这会让员工的情绪更加消极，进而严重影响整个团队的工作效率。

管理者在面对员工的情绪时，不能一味地采取打压的方式，而是应该了解隐藏在情绪背后的真正原因，从而找到合适的方法，帮助员工有效疏解情绪。而要真正挖掘情绪背后的"秘密"，了解员工内心真实的想法，最好的办法就是自我反思和换位思考。

自我反思：挖掘情绪背后的“秘密”

自我反思法是疏散情绪以及调整心态的方法之一。这里的自我反思是指管理者在发现团队成员出现消极情绪时，要学会自我反思。只有不断思考，才能挖掘出情绪背后的秘密，才能找出有效疏解情绪的方式。

调整心态：很多管理者在面对有情绪的员工时会表现得更加情绪化，这种状态下管理者很难进行深刻的自我反思。因此，管理者需要调整自己的心态，以平和的心态自我反思，寻找影响团队成员情绪的原因。

提问自己：要让自己进行深刻的自我反思，发现问题，最好的方法就是不断向自己提问。如通过“为什么最近两天大家情绪都不好”“是不是工作任务量太大了”“还是因为最近总是加班”等问题，引导自己深刻反思，找到答案。

换位思考：理解对方的情绪

换位思考是管理者通过模拟一系列的场景和环境，站在员工的位置看待团队员工的消极情绪，并寻找适合员工的方式帮助其疏解消极情绪。

调整角色：进行换位思考最为关键的一点就是要让自己成为“员工”，

如何疏解团队的情绪

STEP1 自我反思　STEP2 换位思考　STEP3 谈论情绪

设身处地地站在对方的位置上替对方考虑。例如：当员工因为工作中出现的小失误被领导批评而产生情绪的时候，管理者就要想，如果自己是这名员工是不是也会这样。如果是这样，你希望管理者做些什么，才能让你的情绪得到有效疏解。

模拟场景：很多时候，单靠想象无法调整角色，深刻感受角色内心深处的小世界。为此，管理者可以采取场景模拟的方式，让自己“身临其境”，真正体会员工的情绪变化。例如：管理者可以通过环境、任务以及事件 3 个因素构建场景，将自己置身于这样的场景中，深刻体会自己内心的想法，也能以同理心理解员工内心的想法和需求。

谈论情绪：在模拟换位思考的场景之后，管理者会找到隐藏在情绪背后的原因。需要做的就是，主动与员工谈论情绪。例如：可以开门见山地说：“对不起，这件事的确是我处理不当，换成我，我也会很生气。”

04 利用正面情绪的积极影响力

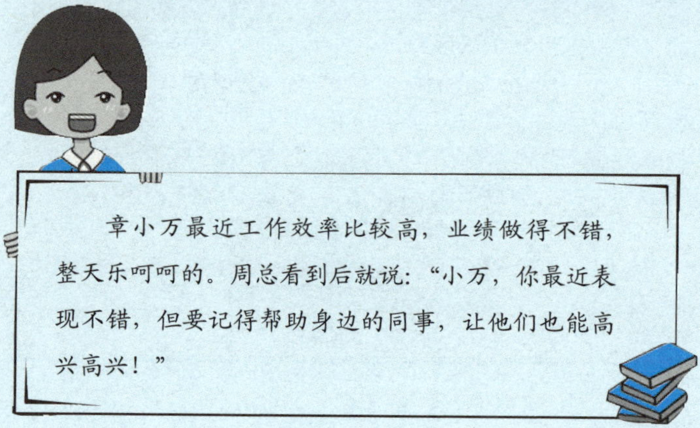

正面的情绪能够给人带来积极的影响。在心理学中，将这种正面的情绪称为“积极情绪”。积极情绪就是与接近行为相伴产生的情绪，人们对这个心理学概念有不同的理解。有人认为积极情绪是事情发展顺利的一种感受，有人认为积极情绪是自己取得某种成就的感受。

无论是哪种理解，积极情绪都包含了一种愉快的主观体验，能给人带来积极的影响。美国心理学家弗瑞迪克森（Fredrickson）认为，积极情绪能够拓展注意范围、提高运动效能，有助于机体获得身体、智力和社会资源。管理者在面对员工消极情绪的时候，不是一味抱怨、斥责员工，而是利用正面且积极的情绪引导员工，让员工能够积极面对眼前的困难，感受温暖和关爱，积极面对眼前的困难，从而更加努力地工作。

但是大多数管理者并不善于利用正面的情绪引导员工，他们更倾向制度化管理。如在员工遇到困难，工作任务没有完成的时候，很多管理者采取的做法是批评员工，或者直接扣掉当月的奖金。但是对有情感需求、希望获得更多“正能量”的新生代员工而言，管理者这种制度化的管理只会让他们产生逆反心理，导致工作效率下降，甚至会让整个团队处于情绪低落的工作氛围中。

利用正面情绪，引导和激励员工

为了消除负面的情绪，给员工营造一个积极的工作氛围，管理者首先应该从自身做起，在面对任何事情时，需要以正面情绪处理。

用积极的语言回应员工。积极的语言能够给人安抚和鼓励，尤其是在遇到突发事件或者重大事件的时候。如在遇到突发事件的时候，管理者切不可表现得手忙脚乱，斥责员工，而是应该沉稳面对突发事情，并用积极

如何利用正面情绪的积极影响力

正面引导和激励

营造积极氛围

的语言鼓励员工。例如：管理者可以说："没事，遇到困难大家携手努力，一定会过去的。"

采取积极的行动支持员工。虽然很多管理者的语言表达很积极，但是实际行动永远跟不上说话的速度。这种情况很容易让员工陷入消极的情绪中，而懈怠工作。为此，管理者不仅语言要积极，更要采取实际行动支持员工。例如：在员工遇到困难需要领导帮助时，领导积极回复员工，会马上帮员工解决问题，思考下一步需要采取的行动。如果通过努力还不能帮助员工解决问题，也要积极回应员工，并采取下一步的补救措施。

营造积极氛围，缓解工作压力

找到积极情绪的“生产者”。团队中一定有自带积极情绪的员工，这类员工在工作上的表现比较积极，是团队成员沟通交流的核心人物。他们会积极、主动参与公司组织的活动，勇于在各种讨论会上发表自己的见解，平时与同事的相处很融洽等。找到这些积极情绪的“生产者”，然后安排他们组织团队的内部沟通活动，带动整个团队的积极情绪，有效缓解工作压力。

组织以积极情绪为主导的活动。多组织以积极情绪为主导的活动，如团队户外旅游、野餐，或者组织室内如抢板凳等游戏。

05 有效缓解员工的抵触情绪

周总把章小万叫到办公室说："目前行政部人手不足，我打算把你临时调过去协助一下。"章小万不太情愿地说："我只想做销售，那边的工作我不会做。"周总说："可能你自己没有发现，你的适应能力不错，沟通能力也很强，即便你在行政部那边临时协助，我相信你也能做得很好！"

抵触情绪是人因为事物压力的变化而产生的一种负面心态。在实际工作中，员工经常会出现这种情绪。例如：周总想把章小万调到行政部时，章小万因为对行政管理工作没有兴趣而产生抵触心理。这种情绪一旦产生将会对员工的工作产生消极的影响，即便章小万接受了领导的安排，在工作上也会变得怠慢，甚至当抵触情绪更加严重时，会选择离职。

在团队管理中，员工的抵触情绪通常表现为不愿意做某项工作。而员工产生抵触情绪的原因也是多种多样的，大致有以下几点：

员工做的工作不是自己喜欢的；

管理体制不健全，导致员工与管理者并不理解对方的想法；

管理者本身就不被员工喜欢，他的要求员工也不愿意达到；

管理者与员工缺乏交流，思想不统一；

管理者不尊重员工，让员工感受不到自己的价值；

对员工来说，任务的难度太大。

以上种种原因都有可能导致员工产生抵触情绪，但是很多管理者并没有意识到这种抵触情绪的“威力”。在他们看来，员工的这种表现就是不服从管理，喜欢耍性子。面对这种情况，领导的做法是严格要求员工服从命令和安排。然而这种做法只会让员工的抵触心理更加强烈，甚至会影响整个团队。

美国普里契特管理顾问公司的调查结果显示，在一个团队中，30% 的员工会有抵触情绪，同时 50% 的员工可能产生抵触情绪。抵触情绪作为一种负面情绪，一旦产生就会降低员工的工作积极性，使员工懈怠，一方

面会降低工作完成的质量和效率，另一方面会阻碍员工以及团队的发展。

消除员工对管理者的抵触情绪

消除成见。员工会因为某件事或领导的某个行为对领导产生成见，一旦产生成见，双方之间就会产生隔阂。这时管理者无论要求员工做什么事情，即便是出于员工利益的考虑，员工也会产生抵触心理。为了改变这种情况，管理者需要在员工对自己产生成见的时候，找准机会及时沟通，消除员工的成见。例如：在员工犯错时，不要一味批评，可以问问员工对这件事的看法，避免因此产生误会。

获得信任。人只有在完全信任对方时，才不容易产生抵触情绪。因此，管理者需要获得员工信任，有效缓解员工的抵触情绪，如做到承诺员工的事情。

尊重员工。很多时候员工之所以抵触管理者，是因为员工在表达想法的时候，管理者急于打断，并强迫员工接受管理者的观点，这是对员工极为不尊重的一种表现。为此，管理者一定要尊重员工的想法。例如：当员工提出不同意见时，管理者不要急着反驳，要学会接纳员工的意见。如果员工的想法的确有不妥之处，也要通过引导的方式说服员工。

正视员工的价值观。每个人都有自己的价值观，当员工的价值观与自己的产生冲突时，管理者切忌立即否认员工，因为价值观是长年累月形成的，一旦被别人武断否定，内心一定会极度不满，产生抵触情绪。因此，管理者在与员工谈论价值观时要表现出理解，引导员工树立正确的价值观。

如何有效缓解员工的抵触情绪

消除成见，获取信任　　尊重想法，承认价值

消除员工对管理者的抵触情绪

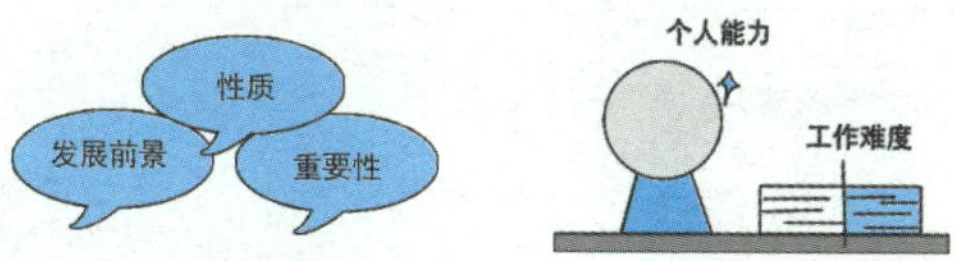

提供充分信息　　培养良好心态

降低员工对工作的抵触情绪

降低员工对工作的抵触情绪

充分的信息传递。有时候员工对工作方面产生抵触的原因在于对工作不了解或者没有兴趣。这个时候管理者要将这项工作的信息充分对员工说明，如工作的性质、工作的开展情景、工作的重要性等。员工可以根据自己的兴趣和能力优势选择合适的岗位，一旦爱上这份工作，自然就不会有抵触情绪。

良好的工作心态。在工作中，员工可能会因为调职或者对当前的工作不擅长等，产生抵触心理，但是这些情况在工作中又是不可避免的。因此，为缓解员工的抵触情绪，管理者需要做的是培养员工良好的工作心态。在这个过程中，管理者需要把两个信息反馈给员工：第一个就是工作的难度；第二个就是让员工明确知道安排这份工作是因为他在这方面有优势，以此增强员工的信心。

06 善待员工的失落情绪

公司内部开展了一次技能比赛，章小万满怀信心地参加了。结果第一轮她就被淘汰了，心里十分难过。周总见到章小万意志消沉，便鼓励道：“这次没有做好只是一次失败，以后还会有很多这样的机会。积蓄力量，抓住下次机会证明自己！”

当一个人心里某种重要的东西被有形或无形的力量剥夺之后，心中会产生一种无力、挫败的情绪，这种感觉在心理学上的定义是“失落情绪”。失落情绪产生的原因多种多样，例如：员工会因为没有达到业绩目标而失落，或者因为遭到办公室同事的冷落而失落，或者因为自己满心自豪的一个创新成果没人关注而失落等。在团队管理中，失落情绪主要表现在员工因为某种原因没有达到自己的目标。

如何处理员工失落情绪的问题，也是管理工作的关键，因为一旦处理不好，就会造成员工的失落情绪加重，严重的甚至会导致员工辞职。在安抚员工失落情绪方面，管理者最常犯的错误主要有以下两个方面。

无视员工的失落情绪。很多管理者认为员工因为没有达到目标而产生失落的

无视员工的失落情绪

善待员工的失落情绪

情绪很正常，所以他们通常会无视这种情绪，认为员工会“自我治愈”。

过激的言语。多数管理者在对待员工的失落情绪上，要么无视，要么给员工严厉的批评。例如：“就你平时的表现也能想到现在的结果”“没什么好失落的，继续努力吧” 等，这些言辞只会加深员工的失落情绪。

美国心理学家阿尔伯特 · 艾利斯（Albert Ellis）在 20 世纪 50 年代提出了“情绪 ABC 理论”，用于解释情绪的来源。该理论认为，人们的情绪及行为反应与人们对事物的想法、看法有关。激发事件 A(Activating Event）只是引发情绪和行为后果 C(Consequence）的间接原因，而引起 C 的直接原因是个体对激发事件 A 的认知和评价产生的信念 B(Belief)。

如何善待员工的失落情绪

该理论简言之就是我们对事件的态度和观点决定了我们的情绪。因此，管理者应该换个角度，从积极和理性的角度看待问题，采取积极的态度和行为，善待员工的失落情绪。

采取积极态度：安抚员工的失落情绪

一对一沟通。与员工沟通最好找一个安静、无人打扰的场所，管理者同员工进行一对一、面对面的交流沟通。

态度亲和。在与员工沟通的时候，管理者应当是以朋友或同事的身份，一定要抛开领导的身份。例如：说话的语气要随和，避免模式化语言给员

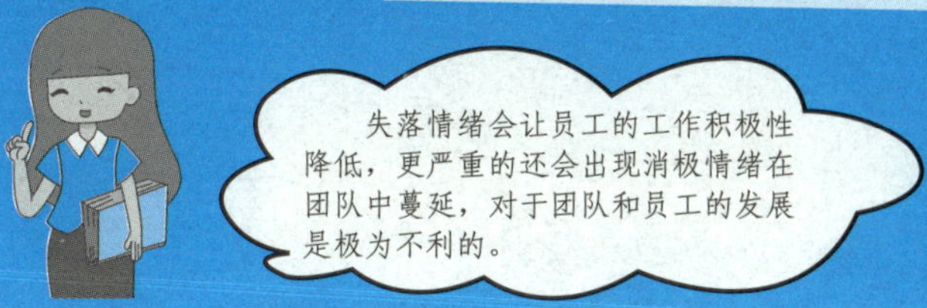

工造成心理压力。

多使用积极字眼。在对待员工的失落情绪上，管理者要尽可能多地使用积极的字眼。例如：把“你需要改变”换成“你需要进步”，把“你存在问题”改成“你还有更多机会”等。使用这些正面积极的词语，既能安抚员工的失落情绪，又能促进沟通和维持良好的人际关系。

采取积极行为：帮助员工克服失落情绪

额外奖励。员工的失落情绪一般是因为绩效没有达到自己的预期目标，或者工作中的事情没有达到既定的目标等。因此，管理者除了绩效排名之外，还可以设置额外奖励。例如：努力奖、进步奖、贡献奖等。奖品可以很简单，如一个荣誉证书或者一件小礼物，这些都可以帮助员工消除失落感。

礼物奖励。这里的礼物奖励并非额外奖励中的礼物，而是管理者用来安抚员工失落情绪的礼物。如给员工一片口香糖，并附上小纸条，告诉他“一次失败而已，打起精神，争取下次成功”，或者给员工的绩效反馈上写上鼓励性的评语“我相信你可以做得更好，加油！”

07 提防员工对工作的厌倦情绪

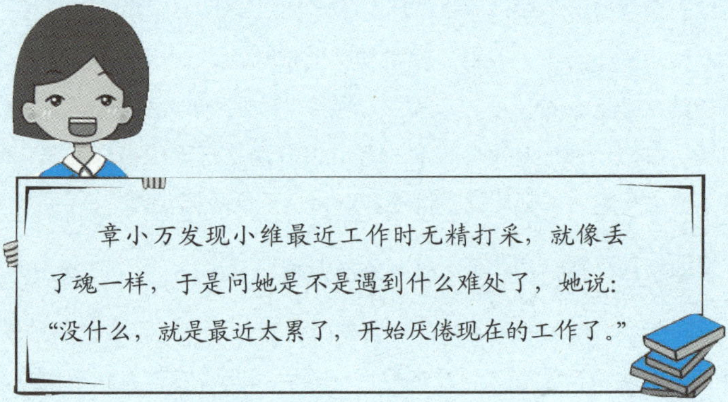

员工在工作中会遇到各种各样的压力，而这些压力会产生严重的工作问题和情绪问题，最终会影响员工的心理健康。其中工作厌倦情绪是危害大、影响力持久的情绪问题之一。

美国社会心理学家马斯拉奇等人，把人们对工作上长期的情绪及人际应激源做出反应而产生的心理综合征称为职业倦怠，并对此做了相关研究。研究表明，工作倦怠是由情绪衰竭、去人性化和个人成就感降低3个维度构成的。依据这3个维度，我们可以分析出员工对工作产生厌倦情绪的原因。

个体的原因。管理心理学将这种影响因素称为“人格特质论”，认为个体的人格、态度等内部因素以及某些人口统计学变量可以更有效地解释工作厌倦情绪的形成。例如：有些员工属于三分钟热度，他们对一项工作一开始会感兴趣，但是热度一过，就会对工作产生厌倦；而有的员工属于工

作狂，这类员工在一开始工作时冲劲十足，但其实他们是在不断地透支自身对工作的激情，这类员工极容易出现厌倦的情况。

管理者的原因。一方面，管理者只重视员工的工作而忽视员工的感情，使内心情感渴望得到关注的员工长期把消极情绪积压在心里；另一方面，多数管理者认为厌倦情绪是每个员工都需要经历的过程，因此不会刻意采取防范措施，任由其厌倦情绪产生。

工作的原因。一些工作的性质也与员工厌倦工作的情绪有密切的关系。如超负荷的工作或者无趣的工作，都会让员工产生厌倦情绪。

团队的原因。除了工作性质，团队特征也会让员工对工作产生厌倦情绪。例如：在等级森严、制度规章死板的团队里，员工容易出现厌倦情绪。

环境的原因。员工长期处于高压工作、低薪工作或者人际沟通较少的工作状态，会导致员工自身的理想观念与企业观念不符合，从而引发员工工作倦怠是由情绪衰竭、去人性化和个人成就感降低3个维度构成的。

对工作的厌倦情绪。

帮助员工认知厌倦情绪

情绪知识宣传。要让员工认识情绪，正视自己的情绪，就必须让员工了解情绪管理方面的知识。例如：可以利用宣传栏、健康知识讲座等形式让员工关注工作倦怠，正视厌倦情绪。

找出厌倦的根源。管理者通过与员工沟通，用科学的情绪评价方法帮助员工找到产生厌倦情绪的根源，并对症下药。

提高员工的心理承受能力。在团队内部定期开展心理疏导活动，不断提高员工的心理承受能力，避免员工产生厌倦情绪。

提高自我效能感。管理者要想提防厌倦情绪，最关键的是要提高员工的自我效能感，即自我面对厌倦情绪时的应激能力。例如：管理者可以开展相关的培训活动，提高员工的能力和技术水平，帮助员工提高自我调控的能力，并为自己寻找合适的应对厌倦情绪的方式。

给予员工更多的人性关怀。去人性化是导致员工厌倦工作的根本原因，因此除了培养员工的自我调控能力外，管理者也需要给予员工更多的人性关怀。如在员工厌倦工作时，管理者要时刻关心员工，并及时给予帮助。

丰富工作形式，时刻创造新鲜感

游戏化工作设计。将游戏化的思维与原理运用到工作当中，例如：在工作之前先进行工作难度的划分，并对员工角色进行定位，然后再设置“关

如何提防员工对工作的厌倦情绪

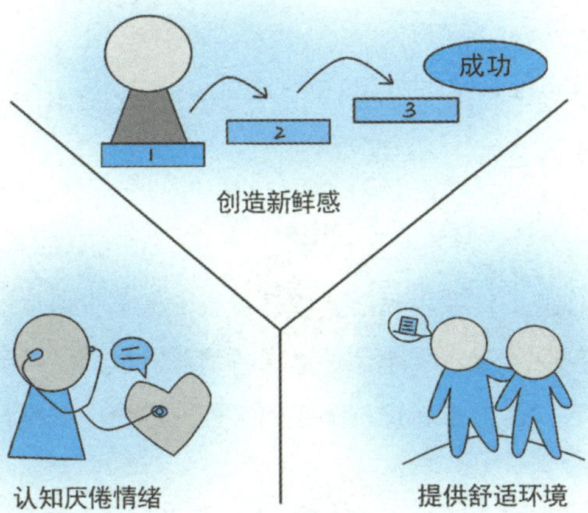

卡”和对应的奖励等，让员工在工作中体会游戏的乐趣。

实行轮岗制工作。所谓轮岗制工作，就是相互关联岗位上的员工轮换工作。这种工作方式能让员工有机会尝试不同的工作，从而对工作保持新鲜感和热情。例如：产品包装的程序分为内包装和外包装，这两个岗位上的员工可以每个月轮换一次。

工作多元化。一个人未必只能做一项工作，如销售人员如果有兴趣，可以在做完销售的工作后参与设计部的工作，届时也将该岗位的绩效列入最终的绩效考核中。

倡导良性竞争。团队之间的竞争是不可避免的，而且很多时候竞争会给员工带来新鲜感和乐趣，就像玩游戏一样。但是一定要倡导良性竞争，否则成员之间的关系会变成敌对关系，导致员工厌倦工作。例如：任何工作都员工的厌倦情绪表现为对工作丧失热情，对周围的人漠不关心，时常想辞职、跳槽，并经常把其挂在嘴边。

必须制定科学合理的规则，成员之间的竞争必须遵守并执行该规则，一旦违反就要接受相应的处罚。

改善环境，给员工舒适的办公空间

适度的工作压力。在工作上，管理者要给予员工适度的工作压力，避免员工因为长期处于重压状态而产生厌倦情绪。例如：当员工长期处于加班状态，管理者就需要重新安排员工的工作或尽量少安排员工加班。以减轻员工的负担。

和谐的工作氛围。管理者在平时要注重与员工的情感交流，尤其是新生代员工，他们渴望得到关注和支持。得到的支持越多，他们的厌倦情绪就会越低。因此，管理者需要与员工保持有效沟通或者组织团队活动，及时发现员工的厌倦情绪，并帮助其缓解这种情绪。

做好离职员工的情绪管理 08

早上，章小万到公司没多久，就听到小维说：“行政部有人离职了，听说是被辞退的。好像是做什么报表的时候把数据弄错了，他们经理二话没说就直接让他走人。这也太不近人情了。”

在面临员工离职的时候，管理者最需要做的就是员工的情绪管理。一方面，离职的员工都是为团队创造过价值的人，做好他们的情绪管理工作，消除他们对管理者或企业的不满，避免产生不必要的矛盾；另一方面，避免因为离职员工的负面情绪太多，影响在职员工的稳定和情绪。

但是，现在仍有很多管理者没有意识到做好离职员工情绪管理工作的重要性。他们认为，离职员工即将是与企业无关的人，他们对管理者或企业怎么看、怎么想，并不是管理者能左右的事情，所以无须太在意离职员工的情绪。

殊不知，如果没有做好离职员工的情绪管理，对内会影响在职员工的情绪，进而影响团队的工作氛围；对外会影响公司形象。这样做不但不利于公司以后的招聘工作，还有可能影响公司和客户之间的关系。尤其是对

新生代员工而言，他们的行为很多时候是由情绪主导的，他们会因为快乐选择努力工作，也会因为离职时的不开心，而与管理者甚至公司结怨。无论是对管理者还是公司的发展而言，这都会带来一些负面影响。

对于被辞退的员工

企业会因为某种原因辞退员工，这种非自愿辞退的方式一定会引起员工不满的情绪，不认可公司的所作所为。因此，管理者必须安抚好他们的情绪，将负面影响降到最低。

向员工说明被辞退原因。突然被企业辞退，对员工来说是一个很沉重的打击，严重的甚至影响员工的后续工作和生活。因此，在辞退员工的时候，管理者一定要向员工坦承企业现状，表明辞退员工是对事不对人。

鼓励员工，疏导员工的情绪。为了缓解员工的不满情绪，管理者需要与员工进行双向沟通，鼓励员工，并帮助员工疏导情绪。如管理者可以对员工说："目前是因为公司的经营情况迫不得已要裁员。我很欣赏你的才能，也相信你会有更好的发展前途，以后或许还有机会合作。"

如何做好离职员工的情绪管理

对辞职的员工

对被辞退的员工

给予员工一定的物质和精神补偿。员工除了因为被辞退而情绪不满外，还有一个需要面对的严重问题，就是继续找工作，解决生存问题。为此，管理者除了给予员工精神上的鼓励外，还应该适当给予物质上的帮助，从而减轻员工生活和工作的压力，让他们有勇气更好地面对新的生活。

对于主动离职的员工

员工主动离职是指因员工个人决策而选择离开公司。通常情况下，正式员工离职需要提前一个月递交辞职报告，在这一个月中，管理者除了安

排新员工的招聘工作，还要做的一件事就是与离职员工面谈。

面对面沟通，了解其离职的真实原因。在员工提交离职报告后，管理者要找一个合适的机会，与员工进行面谈，了解员工离职的真实原因。如管理者可以这么说："怎么突然想要离职了？是不是工作上遇到什么困难了？"很多时候，对新生代员工而言，辞职的理由千奇百怪，可能是失恋，也可能是公司食堂的饭菜不好吃，而这些问题都是可以解决的。

设法挽留员工。如果是上述的类似于失恋、公司食堂饭不好吃等问题，管理者可以帮助员工解决，并设法挽留员工。管理者可以说："我很理解你想离职的想法，如果是我，我也可能这么做，但是这些问题并不是不能解决的。既然你今天这么坦诚地提出来了，我希望通过我们的共同努力解决这些问题，并且希望你能留下来，继续为公司效力。"

保持友好关系。离职的员工很多时候也是公司的资源，可能会成为公司的合作商或客户。那么，对于去意已决、无法挽留的员工，管理者需要做的就是诚心祝福员工，并表示希望以后能保持友好关系。

第6章

压力管理心理学——解决压力，激发团队正能量

01 人在什么时候会有压力

同事们要么辞职、要么升职了，章小万成了团队里的“老员工”，但她并没有老员工的优越感，反而倍感压力。尤其是当周总说“小万，你是团队的‘老员工’了，要做好榜样，多担一些责任”的时候，章小万总感觉身上压了一座大山。

压力是现代社会人们普遍的心理和情绪体验，人们无时无刻不在承受着来自生活、家庭和工作的压力。俗话说“有压力才会有动力”，压力既是一种强大的推动力，又是一个影响工作绩效和职业健康的消极因素。过大的压力会给员工的身体和心理造成伤害。

压力在心理学中又叫应激，压力有 3 种不同的含义。

压力是一种刺激。压力指那些使人感到紧张的事件或环境刺激。如“这件事给我造成很大的压力”，将可能带来紧张的事物本身当作压力。

压力是对刺激的反应。压力指的是一种身心反应。例如：领导准备给我升职，让我管理一个团队，我觉得压力好大。这里用压力来说明“我”的紧张状态，压力是“我”对升职的反应。这种反应包括两个成分：一个

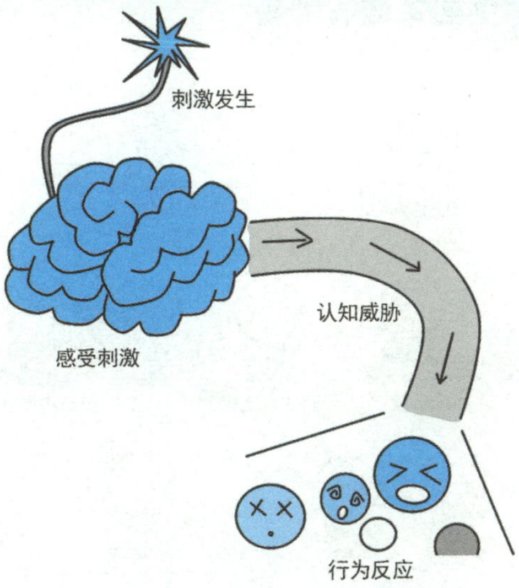

压力的生成是一个动态的过程

是心理成分，包括个人的行为、思维以及情绪等主观体验，也就是所谓的“觉得紧张”；另一个是生理成分，包括心跳加速、口干舌燥、胃部紧缩、手心出汗等身体反应。

压力是一个过程。这个过程包括引起压力的刺激、压力状态以及情境。所谓情境是指人与环境相互影响的关系。根据这种说法，压力不只是刺激或反应，还是一个过程。在这个过程中，个人是一个能通过行为、认知、情绪的策略改变刺激物带来的冲击的主动行动者。面对同样的事件，每个人承受的压力状态的程度会有所不同，这就是因为个人对事件的解释不同，应对方式也不同。

压力的生成是一个动态的过程。

员工压力的主要来源有哪些

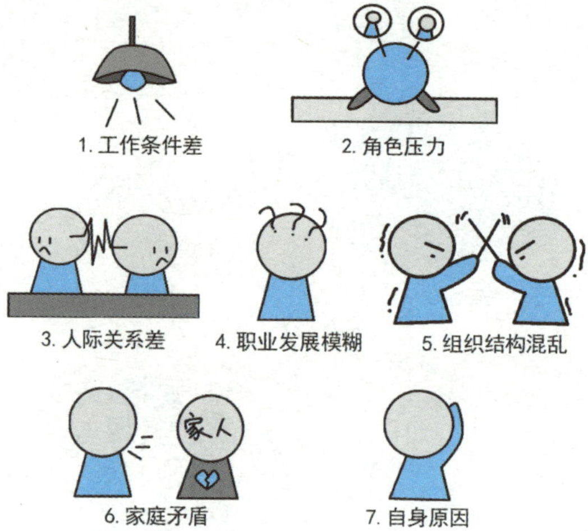

刺激发生。外在环境刺激内在心理需求。

感受刺激。感觉到刺激的逼迫与威胁。

认知威胁。认识到刺激与能力、需求、动机等方面的相互矛盾。

行为反应。生理或心理出现症状，并触发相应的行为。

工作条件差。工作环境差，例如：工作区域的照明不足、声音嘈杂，都会影响员工的工作情绪；超负荷的工作量、工作过于复杂或者工作危险性较大、工作面临突发状况等都会给员工的心理造成压力。

角色压力。例如：员工不清楚在工作中的定位，不了解上级对自己的角色要求，无法扮演好自己在组织中的角色，导致员工不知所措、身心俱疲。或者员工身兼多职，同时扮演几个不同的角色，由于各个角色的要求不同而无法同时满足，导致员工内心矛盾、焦虑不安。

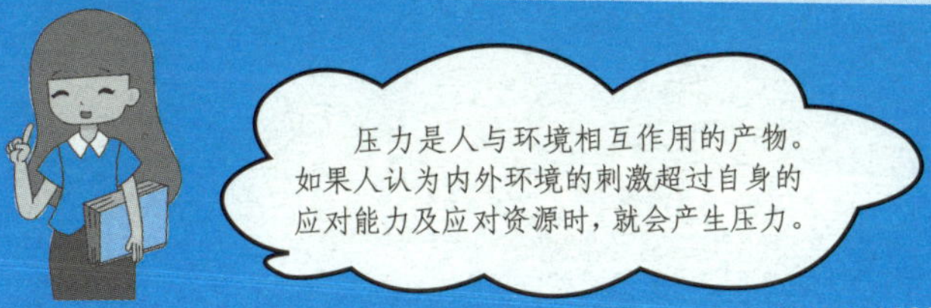

人际关系困扰。例如：领导对员工漠不关心、同事之间勾心斗角、合作对象的不支持，都会影响员工的工作状态和情绪。

职业发展不清楚。例如：员工在工作中被降职，或长久升职无望，抱负不能实现，会导致员工失去自信、增加焦虑。

组织系统混乱。例如：企业制度不健全、部门结构不合理、派系争斗，这些组织上的混乱会让员工充满挫折感，对工作不满意。

家庭矛盾。婚姻家庭中遇到的各种问题，例如：婚外情导致的信任危机、子女教育问题等都会给人们带来极大的烦恼和压力，当员工无法解决这些问题时，会把这种情绪和压力带到工作中，不能把全部注意力放在工作上，导致员工在工作时紧张、焦虑。

个人因素。员工的个性特征、健康状况、经济状况、社会支持都会对员工的工作造成影响。例如：员工身体不好，影响工作效率；经济压力过大，让员工产生极大的困扰，导致员工心理崩溃；心态悲观的员工无法积极面对工作中的问题，遇到困难只会逃避，情绪低沉暴躁；缺少来自家人、朋友、领导或同事的支持，员工就会陷入孤立无援的困境，缺失安全感，找不到对企业的归属感。

02 累积效应：压力的最后一根稻草

在执行一个项目的时候，周总对每个人的工作都做了安排，章小万也对自己的工作做好了规划。但任务进行到一半的时候，因为团队中有个同事生病请假，周总就将原本属于他的工作做了平分。面对突增的任务、被打乱的计划，章小万心中有些不满，但她还是重新制订了计划，力争按时完成任务。结果大家的任务快结束的时候，周总说因为有一个同事的进度太慢，很难按时完成任务，让大家帮他分担一些。此时，章小万的内心是崩溃的。

西方有一个寓言故事：一个主人有一匹老骆驼，它一天到晚任劳任怨地干活。有一次，主人想看看这个老骆驼到底还能拉多少货物，于是主人不断地加货物，但老骆驼还是没有倒下，最后主人想是不是已经到了极限呢？于是轻轻地投了一根稻草在它的背上，没想到就是这一根稻草使老骆驼轰然倒下。“最后一根稻草”正是累积效应的行为表现，它阐述了量变产生质变的过程。

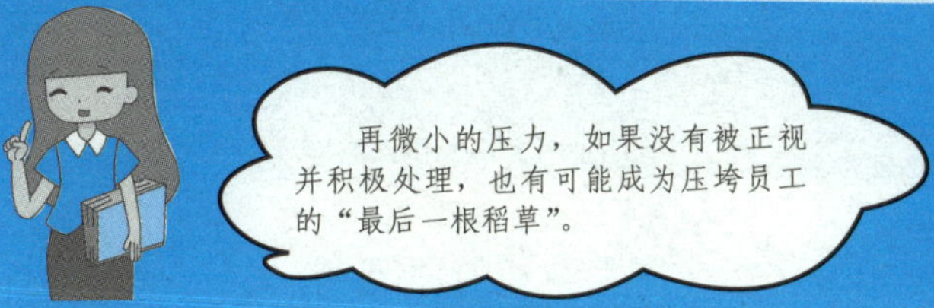

就心理学意义而言，累积效应主要有两种情况。

多次作用产生的心理效应，造成比简单相加更为严重的后果，是一种“相乘效应”。例如：多次遭受家庭暴力而长期隐忍的人，在某次受轻微辱骂时，会以爆发性的极端方式将长期压抑的愤怒发泄出来。

多次作用产生的心理效应造成比简单相加更轻的后果。在这种情况下，由于不断受到有关刺激，个人对这种刺激产生了“免疫力”，因而可能引起个人轻微的反应。

在团队管理中，同样会出现累积效应，造成员工压力累积效应的原因有以下 3 种。

管理者的主观判断。管理者在分配团队任务的时候，需要根据员工自身能力设定任务。如果管理者对员工的实际工作能力和工作经验不了解，对员工安排超出他承受能力的任务量，并对任务结果有过高的要求，过大的任务量已经让员工不堪重负，而领导的过高要求成了压倒员工的“最后一根稻草”。

管理者过于注重结果。管理者只在乎工作结果，不注重工作过程。管理者为了短时间出成果，追求更高的利益。不关心员工已肩负的压力，只会为了任务成果不断给员工施压。

对员工潜能的开发。当员工顺利完成管理者布置的任务后，有些管理者出于开发员工的潜力、提高员工能力的目的，不断提高员工的工作难度和工作量，直到员工无法完成，导致员工身上的压力不断累积，最后将员工彻底压垮。

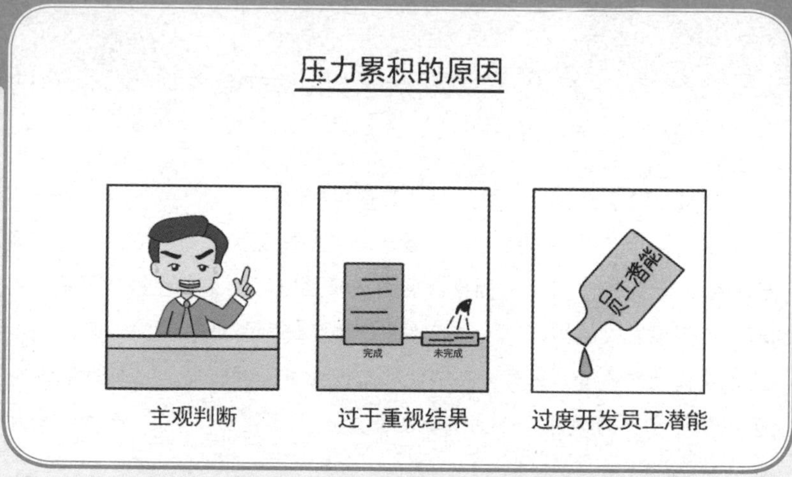

对员工要有全面的了解

员工本身的工作能力和经验、对工作的适应度、心理承受能力以及自身抗压能力决定了员工承受压力的大小。

员工的能力、特长。管理者可以通过与员工沟通、对员工进行问卷调查或者通过工作观察了解员工自身的能力。例如：某员工每次在写总结的时候都表现得非常痛苦，并且拖拉，但在完成与人打交道的工作时很快乐且高效，说明他更善于处理人际关系，而不是文案工作。

员工与工作的匹配度。员工与工作的匹配度越低，在工作的时候面临的工作压力越大。管理者要根据员工的性格特点、职业规划及能力特长对员工进行定位，将员工放在与他匹配度较高的岗位上。

员工的心理抗压能力。管理者通过对员工进行心理测试或请专业人员对员工进行测试，确定员工的抗压能力；根据员工的抗压能力合理分配任务，定期对员工进行抗压能力提升培训。

如何避免工作压力的累计效应

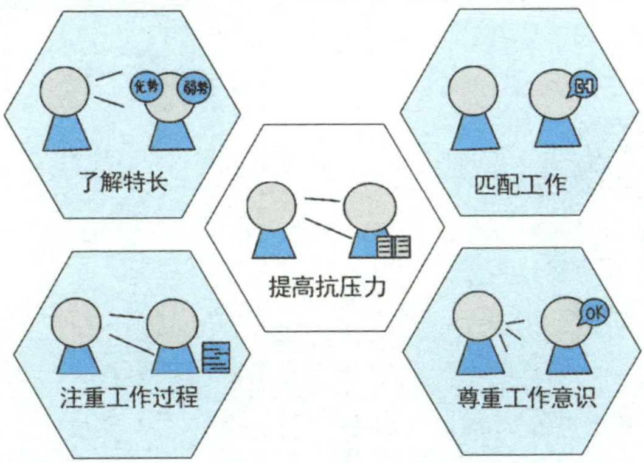

及时了解员工累积的压力

对人不对事。管理者不仅要关注工作结果，还要关心员工的工作状态。简单来说就是从注重工作结果，转变为注重工作过程。不只是盲目追求工作完成的效率和质量，更多地关注在工作过程中员工所面临的压力。例如：员工在工作过程中的情绪变化、态度行为以及精神状况，这些都是员工压力累积的体现。

任务分配尊重员工。无论是在给员工分配任务时，还是给员工不断增加工作任务时，管理者都必须征求员工的意见。员工在非自愿的情况下做一件事所产生的压力往往是自愿情况下的两倍。例如：管理者给每个员工都安排了任务，但是有员工生病或辞职了，就会导致一部分工作无法完成，管理者如果将这些工作分给团队的其他人，就需要先询问他们还有没有能力完成，愿不愿意帮忙分担，而不是直接加在他身上。

03 读懂压力预警信号

周总发现章小万这几天黑眼圈十分严重，但他觉得现在的年轻人都会熬夜打游戏、看直播，只要不耽误工作就行了。周五的时候，周总收到了章小万的请假条。周总后来经过了解才知道，原来是不断增加的工作量，导致章小万一直在加班工作，最后身体出现了问题。

压力预警信号有很多种，一般来说，在生理、心理和行为这 3 个方面都有体现。

加拿大生理心理学家汉斯 · 赛尔耶（Hans Selye）认为，人体生理上对压力的适应过程分为警觉、抵制及衰竭 3 个阶段，进入衰竭阶段的身体会受到伤害或生病，出现高血压、偏头痛、心脏疾病等问题。

压力预警信号在心理上的表现有以下几点。

对认知活动的影响。如注意力下降，分心失神、记忆范围缩小。

对情绪情感的影响。如悲观失望、精神萎靡、烦恼焦虑。

压力预警信号在身体上的表现有以下几点。

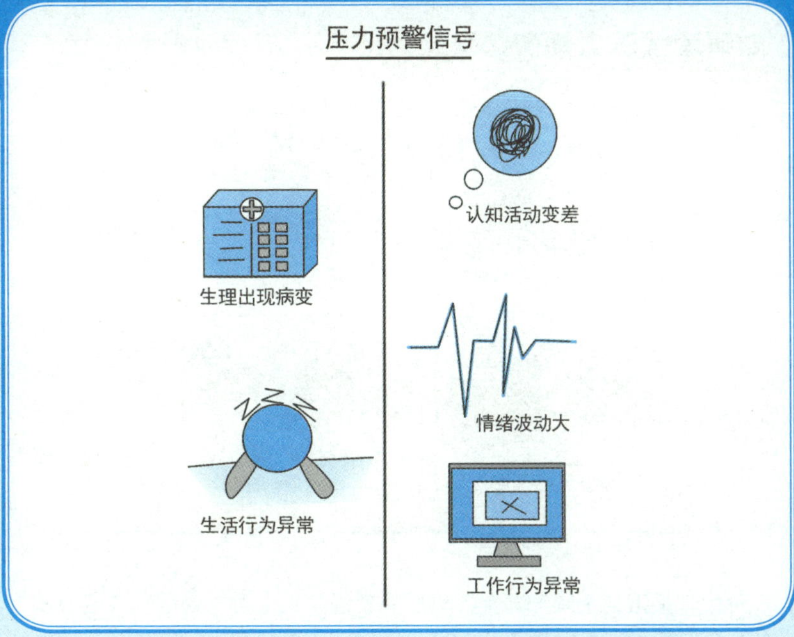

对工作行为的影响。如旷工、工作拖拉、没有目标和计划。

对个人生活行为的影响。如暴饮暴食、酗酒和家人关系恶化。

管理者了解压力预警信号的外在表现，可以帮助自己更快、更早地察觉员工的状态，以便采取相应的减压措施，将员工受到的伤害和损失降到最低。

管理者无法读懂员工的压力预警信号的原因，有以下几点。

习惯主观地判断。例如：管理者主观认为新生代员工喜欢熬夜打游戏、看电影等，因此管理者看到新生代员工精神不振，就认为该员工又熬夜打游戏了，而没有意识到是因为员工的压力太大导致失眠或者工作量太大导致的。

如何读懂压力预警信号

关注员工身体状况　观察员工行为

设立压力预警信号　做好应对措施

不关心员工的情绪和行为。管理者普遍只关注员工的工作表现以及工作结果，对员工的工作过程不管不问，因此管理者也就无法解读员工在工作过程中因为压力而产生的情绪和行为变化。

与员工的交流太少。管理者和员工的交流太少，管理者只在安排工作或会议时和员工有所交流。管理者和员工缺乏沟通导致员工压力预警信号出现的时候，管理者并不在意，甚至认为那是员工原本的个性特点。

对压力预警信号不了解。这是关键的原因，多数管理者读不懂压力预警信号是因为他们不了解压力预警信号有哪些，它们出现时会有哪些特征。因为不了解，所以读不懂。

时刻关注员工的身体和行为状态。管理者要时刻关注员工的情绪变化、身体出现的病变以及异常的行为。当员工有不寻常的表现时，要及时警惕并提醒员工注意。

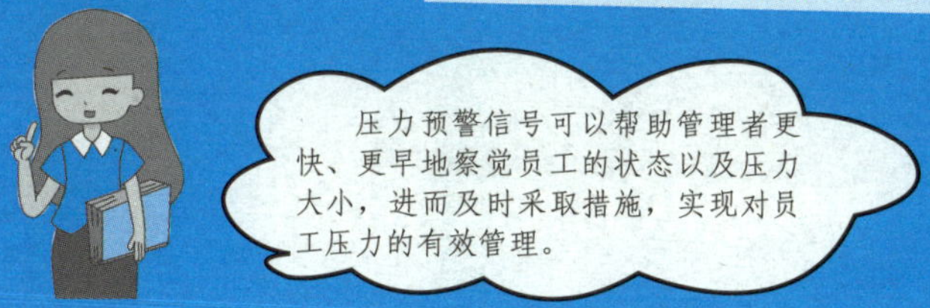

设立压力预警信号。压力预警信号从轻到重可以分为 A 级、B 级、C 级，像情绪烦躁、做事心不在焉、失眠等症状，就归到 A 级；失去自信、意志消沉、沉默寡言等症状，可以归到 B 级；歇斯底里、暴饮暴食、偏头痛等症状，可以归到 C 级，同时做好相应的应对措施。

做好压力预警信号应对措施。员工出现 A 级症状时，管理者通过和员工交流，释放压力；员工出现 B 级症状时，管理者可以适当减少员工的工作任务；员工出现 C 级症状时，管理者可以推荐员工向心理医生求助，给员工放假。

听听员工的心里话。合理安排时间与员工沟通，了解员工的性格特点、近期的工作状态，防止员工出现压力预警信号时，管理者错把压力预警信号当成员工的个性特点。

04 寻找团队的减压小动作

周总从章小万的办公桌旁边路过，发现章小万十分急躁，一直在挠头。周总问道："怎么了，遇到困难了？"章小万点点头说："这个项目不知道怎么做才比较有创意，找不到灵感，压力有点大。"周总接着说："起来活动活动，伸伸懒腰，这样可以帮助你缓解压力，让大脑清醒点。"

很多时候员工觉得工作压力大，是因为一天 8 个小时都是在面对电脑做枯燥的工作。长时间的高强度工作很容易让大脑疲劳、反应速度减慢，陷入思维的死角，导致工作效率不高。例如：设计一个方案需要灵感，但是因为一整天都坐在电脑前思考这个问题，容易导致思维枯竭，大脑混乱。这时候如果站起来，在办公室里走动一下或喝点咖啡，就有可能迸发灵感，顺利完成工作。

心理学家认为，运动能缓解压力，让人保持良性的、平和的心态。当运动达到一定量时，身体产生的腓肽效应能愉悦神经。腓肽是身体的一种激素，被称作"快乐因子"。腓肽效应让人感到高兴和满足，甚至可以把压

力和不愉快都带走。而运动能使刺激强度得到变换，起到改善、调节脑功能的重要作用。

例如：当一个人压力过大时去户外长跑，或者外出旅行，在空旷的原野上大声喊叫，都可以达到减压的效果。但是这种方式很难用在办公室，因为办公室的空间有限。因此，为了缓解员工的压力，管理者需要做的是帮助员工找到能够在办公室可操作的解压小动作。

动动嘴

心理学研究表明，皮质醇水平与压力感成正比。人们在咀嚼时，唾液皮质醇水平显著降低，压力感也会随之降低，这也是为什么很多人在有压力的时候会大吃一顿。在团队管理中，当员工的工作压力过大时，管理者不妨让他们动动嘴，请他们吃零食、嚼口香糖等。当食物与嘴部皮肤接触时：一方面能够通过皮肤神经将感觉信息传递到大脑中枢，从而产生一种慰藉，使人通过与外界物体的接触消除内心的压力；另一方面，当嘴部接触食物并咀嚼和吞咽的时候，可以缓解人紧张和焦虑的情绪，在摄食中枢

哪些减压小动作能够帮助员工减压

产生另外一个兴奋区，从而使紧张兴奋区得到抑制，最终放松身心。

动动耳

美国著名音乐治疗专家纪兰诺修女曾这样指出："音乐的旋律、节奏和音色通过大脑感应可引发情绪反应，并进一步影响生理状态，如果懂得控制反应过程，便能利用音乐有效松弛神经。"可见，听音乐可以使生理发生很多变化，如肌肉电位（紧张度）下降，去甲肾上腺素含量增加（使身体放松），内啡肽物质含量增加（产生愉悦和欢欣感）等。

对上班族来说，不同职业的人应选择适合自己的音乐。例如：在人声嘈杂的交易公司上班的人，可以选择轻音乐；在喧闹的工地或工厂中工作的人，可以选择雄壮的古典交响乐曲；在安静的办公室工作的人，可选择

轻松的流行乐曲。

动动头

头侧曲。头微微用力向一侧曲，感觉到酸痛停留片刻，再转向另一边。

头俯仰。头微微用力向胸部低垂，感觉到酸痛停留片刻，再往后仰，反复做 2 ~ 3 次。

头环绕。头部沿着前左后右，或前右后左的顺序用力而缓慢地转动。

动动身

体侧转。坐在座位上，上体微微向左侧或向右侧转动。

抬腿。坐在座位上，抬腿，用力将腿绷直，往前伸，停留片刻，放下，休息一会儿，再继续做 2 ~ 3 次。

耸肩。两肩同时上下转动，或者一上一下转动。

全身放松。工作间隙站起来，在办公室走动走动，伸伸懒腰。

05 如何减少工作压力

最近有个很着急的项目要完成，周总分配给每个人的任务都很重。临近上交任务的时候，章小万感叹道：“最近加班加点忙工作，我的睡眠质量很差。这样下去身体肯定吃不消。”小维接着说：“我的生活节奏全都被打乱了，连陪家人吃饭的时间都没有。”

员工不仅会抱怨薪酬低、工作没有发展前景，还会抱怨工作压力过大。在管理者看来，如果不给员工施加压力，员工的工作状态过于放松，工作效率不高，会影响整个团队的业绩。但如果工作任务繁忙，占用大量业余时间，就会导致员工无法平衡家庭和工作的关系，内心会承受更大的压力。

工作压力又称职业压力、职业紧张或工作应激，是指人们在工作环境中，由于客观需求与主观能力失衡导致的在生理、心理和行为上的异常体验和反应。通常情况下，导致工作压力的主要因素有以下几个。

人身危险。这种压力通常是一线员工面临的。员工从事特殊工作，如建筑工人、消防人员、城管执法人员等，这些工作比较危险，员工从事这些工作，人身安全面临很大的风险，心理上会有比较大的压力。

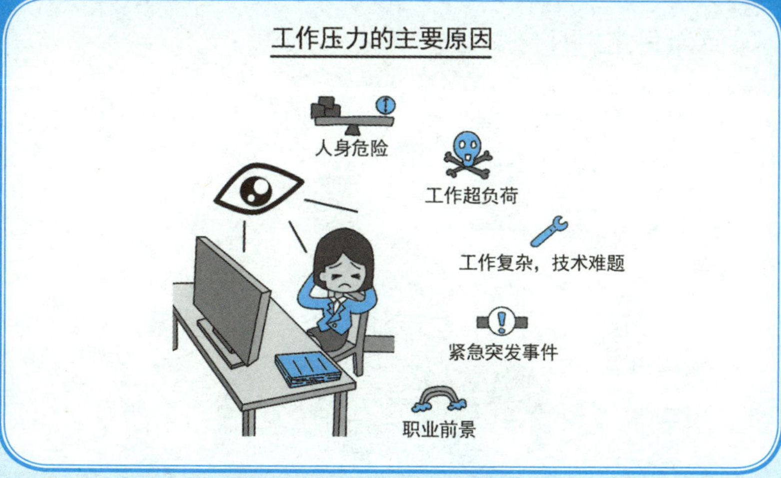

工作超负荷。这是工作压力大的主要原因，一旦工作量远远超出员工的工作能力范围，会让员工难以承受，而出现抵触心理。

工作的复杂性及技术压力。工作繁重、工作难度过大、缺乏必要的技术支持等会阻碍员工的工作进展。员工工作无法顺利进行，这会给员工造成很大的压力。

紧急或突发事情。在工作中经常会遇到紧急或突发情况，让人措手不及。解决这类情况十分考验员工的临时应变能力，如果员工能力不足，就会处于紧张的状态，手忙脚乱，更加难以完成任务。

职业前景。员工在职场上面临岗位升迁、工资变化、工作瓶颈等问题，这些问题和员工切身相关。员工在工作不稳定、工资大幅降低、升职无望时，会感受到职业前景带来的压力。

这些来自工作的压力会导致员工筋疲力尽，甚至连基本的身体健康都会受到威胁。为此，管理者需要意识到工作压力过大对员工造成的危害，并积极寻找办法减少工作压力。

如何为员工减压

提供良好的工作环境

例如：为员工提供一个舒适的工作空间、性能良好的办公设备、宽松的工作政策、和善的同事关系等，能帮助员工减轻压力，全力面对工作。

建立减压项目

建立健身和娱乐设施。很多企业为了帮助员工减压建设了一些设施，如游戏室、棋牌室、健身房、游泳馆等。

开展减压活动。举行一些团队类的活动项目帮助员工减压。例如：进行团队游戏比赛，工作之余组织员工唱歌、聚餐，既凝聚了团队成员，又帮助员工减压。

设立减压咨询室。在企业团队内部建立一个减压咨询室，定期对员工提供健康咨询，帮助员工进行职业生涯规划设计，提供帮助员工平衡工作

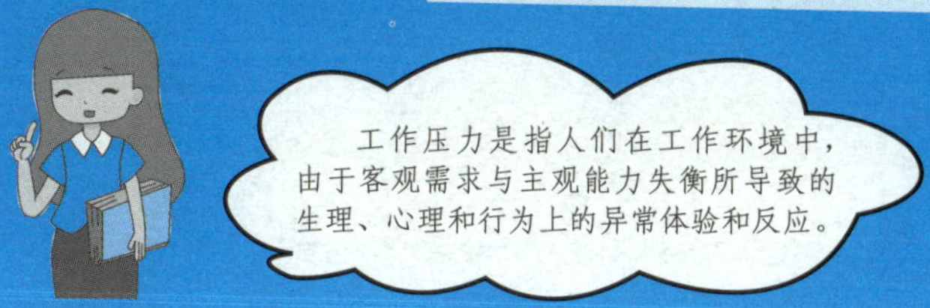

和生活的方法与策略。

进行合理的工作分配

加强时间管理。管理者在给员工安排工作的时候，要有时间概念，根据员工的能力规定完成时间。此外，管理者在安排任务的时候，要向员工说明任务的优先顺序，避免员工分不清任务的主次，所有任务都一把抓，导致最后时间紧迫一事无成而给员工造成巨大的压力。

任务量合理分配。根据员工的实际工作能力，匹配相应的工作量。在需要适当增加员工工作量时，管理者要时刻关注员工的心态和情绪变化，尽可能使任务量保持在员工的承受范围之内而不会给他造成过大的压力。

不要让员工承担过多的职责。管理者需要清楚划分员工的职责，避免出现员工同时承担多项工作、扮演多重角色的现象。在责任上面，管理者尽可能地减少员工的责任，以此降低员工的心理负担。

提高员工的抗压能力

提升员工能力。对员工进行知识技能的培训，提升员工胜任工作的能力，提升员工的沟通能力和人际交往能力，减少员工的压力。

倡导积极和平的心态。平和的心态是处世的一种能力，可以让自己无论面对什么事情都能做到“宠辱不惊”，这样的心态能帮助员工缓解工作上的压力。管理者要以身示范，遇到事情的时候不要急躁，而是平和地处理，并告诫员工：“遇到此类问题时，不要着急解决，慢慢处理就行。实在处理不好，记得及时汇报给我，我们一起努力。”

06 如何减少人际交往压力

周总安排章小万和小鑫共同完成一项任务。对于这一任务，章小万发表了自己的看法，但是小鑫对她说：“我不是很同意你的观点，虽然领导夸你能力强，但是这项工作我也不比你差，我希望这次你听我的。”就这样两个人僵持不下，章小万感到很无力，想要完成工作但是又不想得罪同事，一下陷入了进退两难的困境中。

在工作中，领导与同事的交往、同事与同事的交往、与客户的交往等，会形成复杂的人际关系，这些复杂的人际关系会给三方带来一定的影响。学会处理人际关系，解决因为人际关系而带来的压力，是管理者和员工要共同面对的难题。

通常情况下，因为人际关系而产生压力的有以下几种。

缺乏接纳与支持。新生代的员工比较自我，他们很难接受与自己不一样的观点。领导如果不能以身作则很难让这类员工信服，会导致人际关系紧张，给自己带来压力。

钩心斗角，不合作。很多员工的能力很强，能很好地单独完成工作，但是很难融入团队。团队的成员之间勾心斗角，不愿合作，遇到事情会相互扯皮。

领导对员工不关心。新生代的员工渴望情感，所以一旦领导对自己不关心，他们就会认为领导不喜欢自己、挑剔自己。或员工对公司的意见没人关注，对公司或领导会产生更多的不满，无形中给自己造成了压力。

其实，对员工而言，人际关系上的压力远比工作上的压力更让他们难以承受，因为工作压力是一个人的事情，很多时候通过自己的努力能够缓解。但是人际关系导致的压力，并不是通过个人的努力就能缓解的。紧张的人际关系只会消耗员工的精力，分散他们的注意力，让团队内耗严重，极不利于团队的共同发展。打造良好的人际关系，需要管理者和员工的共同努力。

注重培养员工的情商

员工的情商越高，团队的人际关系问题就越少。情商高的人，懂得如

如何改善因人际关系导致的压力

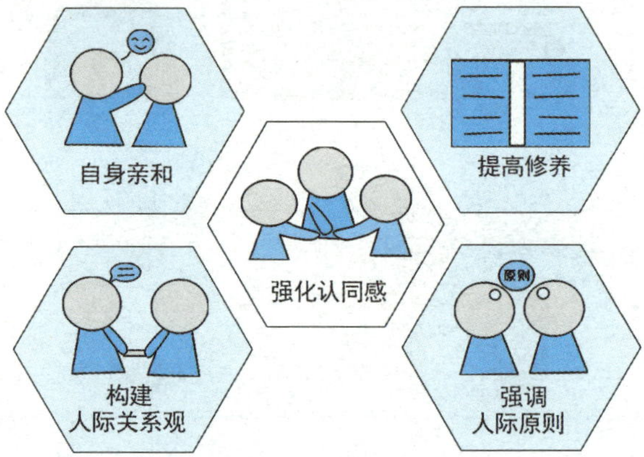

何与他人相处，并善于解决与他人的矛盾。例如：和同事商讨工作时，态度温和、语气柔和，言辞风趣诙谐；在听取他人意见时，认真耐心；提供建议时，真诚和善。这些高情商的言行都有助于员工建立良好的人际关系。

强化组织认同感

员工进入一个团队时，要尊重这个团队的制度和文化。其他同事的工作风格、行为模式在制度和团队文化的影响下，已经趋于一致，如果员工不能积极融入进来，就会感觉格格不入，自身的工作方式、行为模式都会显得很突兀，其他同事也难以接受，导致人际关系变得紧张。

树立人际关系观

无论从事什么样的职业，做什么样的工作，都需要和他人合作。不良

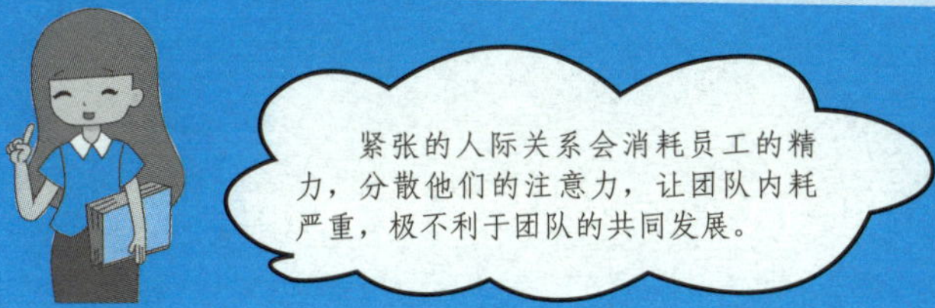

的人际关系会影响人的情绪，让人焦虑、抑郁，严重影响员工的心理和生理健康。而良好的人际关系不仅能使员工心情轻松、态度乐观，还能促进员工从中汲取力量、增强信心。员工应该重视建立良好的人际关系并积极地解决人际矛盾。

明确团队人际交往原则

员工在与同事交往的过程中，要以诚待人，言而有信。待人不诚、轻易允诺或允诺而做不到，会降低同事对你的好感，降低你的可信度；要宽以待人，非原则性的问题不要和同事过于计较；以工作为中心，就事说事，对事不对人，不把工作中的情绪带到人际关系中；虚心听取不同的意见，对同事的帮助要抱有感激之心。

07 如何改善因环境导致的压力

章小万最近上班的时候常抱怨："办公室的光线太暗了，而且采光效果差，整天在这样的办公环境中工作，估计要得抑郁症了。"小维连连点头说："是的，光线不好，我老是没什么精神，让人坐着都难受，更不用说好好工作了。"

环境对人们的生活有直接的影响，人们的衣食住行无一不和环境有紧密的联系。而工作环境的好坏会给员工的情绪、工作效率带来影响。就如章小万与她同事说的问题一样，光线不好让人心理压力增大，而厌倦工作。

管理者很少意识到一点，即便员工反映公司的办公环境不好，领导也会不以为然。在领导看来，这些不过是因为员工矫情、吃不了苦。而一个良好的办公环境可以让员工更精神饱满地投入到每天的工作中，更好地为公司创造效益。此外，潜在的客户到访一个干净整洁的洽谈室，会对公司留下一个好印象，一个好公司必定注重细节，良好的办公环境更是公司的形象体现。通常情况下，环境给人带来压力的原因有以下几点。

不良的环境给员工带来压力

噪音大。噪音会给人的生理和心理造成各种影响。如果一个人经常处于噪音的干扰中，就会出现精神烦躁、易怒的问题，严重者甚至会精神失常。

室内光线昏暗。长期在昏暗的环境中工作，人会变得越来越沉闷、抑郁寡言，会导致心理的压力无法排解，影响工作效率。

办公区域的色彩运用不当。不同的颜色会产生不同的生理和心理感受，这些感受又直接影响人的工作热情与干劲。心理学家在调查中发现：工作环境如果灰暗，往往会让员工产生压抑感，会使员工容易感到疲劳，影响员工的工作情绪。

室内软装过于严肃。为了激励员工的工作积极性，很多办公室的墙面上贴了业绩数据图表或者拉了横幅写满了口号，虽然这可以在一定程度上激发员工的工作积极性，但长此以往，会让员工始终处于压力之下，情绪变得紧张，最终影响工作效率。

天花板过低。天花板过低会造成无形的压迫感，这也是有些员工始终感觉到压力的重要原因。

环境很多时候给人带来的压力，要比工作本身带来的压力更大。管理

如何帮助员工改善因环境导致的压力

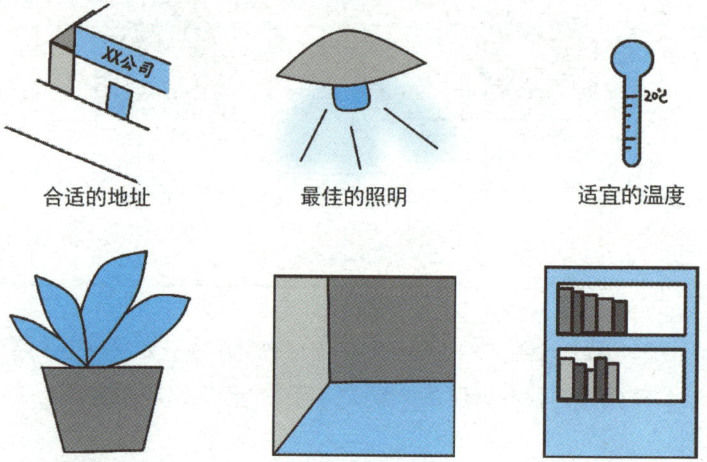

合适的地址 最佳的照明 适宜的温度

运用蓝色和绿色 增加办公面积 改善办公用品

者因为没有深刻认识到环境对员工造成的压力，导致员工与管理者会因为认识不同而产生矛盾，最后以办公室墙面的颜色不是自己喜欢的为由而离职，让管理者一头雾水。

选择合适的地址。例如：公司可选择交通便利的地方，方便员工上下班。公司周围要比较安静，噪音不大。

设置最佳的照明。根据工作的性质选择最佳的照明度，光照太强或太弱都会降低工作效率，影响工作质量，引发视疲劳，甚至损害视力。所以工作场所要有科学合理的照明强度，而且需要合理的照明分配。例如：除了大灯之外，适当利用办公台灯、落地灯、桌面灯等提高工作区域的亮度。

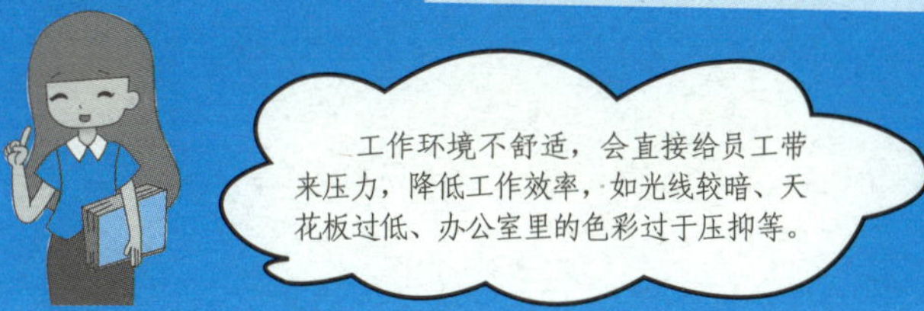

创造适宜的温度。办公室和工作场所的温度要考虑人的承受能力，使身体感到舒适，否则就会对人的心理产生不良影响。根据国内外的实验，夏季人们感到最舒适的气温是 19℃ ~ 24℃，冬季是 17℃ ~ 22℃。

运用蓝色和绿色。从心理学角度看，不同的颜色会产生不同的心理效果。对办公室人员来说，蓝色和绿色给人一种宁静的感觉，能使他们更加集中。同时，在工作之余看到绿色或者蓝色的墙壁会给眼睛带来一种安抚感，使眼睛得到放松。例如：在办公区域养花植草，营造优美的景观气氛，能够帮助员工缓解疲劳，舒缓心情。

增加办公面积，改善办公用品。办公物品摆放合理、保持办公环境整洁。定期检查电脑、打印机、传真机等办公工具，确保员工拥有良好的办公设备。对于比较陈旧的设备，要及时更新。

第 7 章

冲突管理心理学——深度沟通化解团队冲突

无论是大的社会环境还是小的团队，都需要人和人的交流，冲突是无法避免的。但冲突也并不全都有害，管理者无须讳疾忌医，学会管理冲突才是上上之策。

01 团队冲突从哪里来

在月末总结会议上，章小万汇报结束后，小鑫说：“我不太认可你的观点，我觉得你的问题分析还存在一点问题。”章小万听到后有些不高兴。

管理学家斯蒂芬 ·P· 罗宾斯（Stephen P. Robbins）认为：团队就是由两个或者两个以上相互作用、相互依赖的个体，为了特定的目标按照一定规则结合在一起的组织。而人多的地方，是最容易发生冲突的地方。因为大家有不一样的想法、态度和意见，相互之间不愿意迁就而产生矛盾，造成团队冲突。就像章小万与同事因见解不一而产生冲突。

所谓的团队冲突是指团队员工之间、部门之间或者员工与部门，由于意见分歧或利益不一致而产生的心理和行为对抗。简单来说，冲突是一个从知觉到情绪，再到行为的心理演变过程。但是并非所有冲突都对团队发展不利。从冲突的性质来看，可以划分为两大类：建设性冲突和破坏性冲突。

建设性冲突

建设性冲突指冲突双方对实现的共同目标都十分关心，彼此都愿意了

建设性冲突

破坏性冲突

解对方的意见和想法，双方观点虽然不一致，但依然乐意交换意见。通常情况下，建设性冲突表现：

轻度的分歧或误解；

可以结束在知觉层面上。

破坏性冲突

指双方只关心自己的利益，出现激烈的情绪对抗，如用挑衅或恶意的语言攻击对方。如章小万的同事与章小万的冲突，就是典型的破坏性冲突。通常情况下，破坏性冲突的表现：

公开挑衅对方；

对对方进行言语攻击或人身攻击；

公开对对方的观点提出质问和反击；

威胁对方；

诋毁对方的功劳。

从团队发展的角度说，更需要的是建设性冲突，同时要避免破坏性冲突的产生。为了做到这一点，管理者首先需要弄清楚团队冲突的来源。

团队目标不兼容

目标不兼容。这里所说的目标不兼容，并不是单纯指双方的目标不同，它体现的是，当双方认为彼此的目标无法同时满足时，一方目标的达成以另一方的失去为前提。在这种意识下，必定会引起团队冲突。例如：中午你希望安静休息，为下午的工作养精蓄锐，而你的同事为了下个月的汇报在午休时间不断大声练习讲解 PPT。你们的目标就是不兼容的，任何一方目标的达成都需要牺牲另一方的目标。

目标与利益相关。尤其是涉及经济方面的奖罚时，引起的冲突会更大。如果你下午需要设计一个方案，方案得到认可可以获得 500 元，而你同事的汇报如果成功也可以获得 500 元的奖励，那么这时候你们的冲突就会变得更严重，因为涉及个人利益。

差异化

教育背景。受教育程度的高低，决定了人们看待事情的角度和高度，而一旦双方考虑问题的角度和高度不一样，必定产生冲突。

团队冲突从哪里来

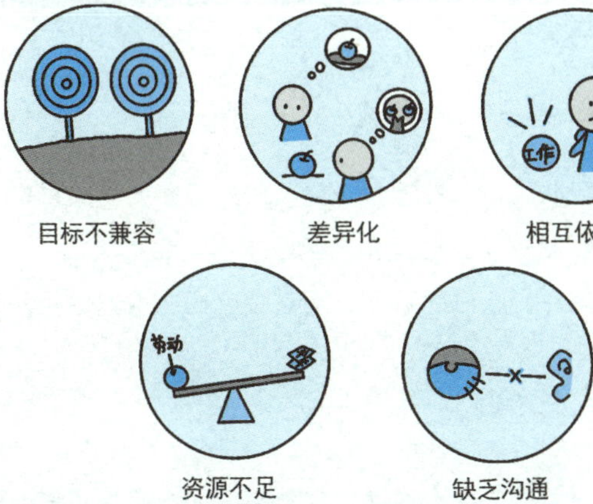

价值观念。价值观是长期形成的，对一个人的影响很深刻，人们不会轻易改变自己的价值观。所以，一旦与别人的价值观存在差异，双方就会产生情绪上的对抗。

文化差异。文化也是对人有深刻影响的因素，如中国人很忌讳“4”这个数字，而国外没有这种观念，这时候很可能因为文化差异产生冲突。

彼此之间的相互依赖

利益相互联系。在我们的生活中，总会产生各种各样的冲突，这是因为我们的生活依赖于身边的朋友、家人、上级领导等，他们的行为会影响我们的利益。

依赖程度越高，冲突越大。我们对对方的依赖程度越高，利益相关性就会越大，因此冲突会越大，产生冲突的频率也会越高。

团队冲突是指两个或者两个以上的团队在目标、利益、认识等方面互不相容或互相排斥，从而产生心理或者行为上的矛盾，导致抵触、争执或攻击事件。

资源不足

时间。为了团队利益，管理者希望员工花更多的时间加班，但是员工希望将工作与生活分开，花时间多陪陪家人和朋友。

资金。员工想获得高额的报酬，而管理者希望将这笔钱用来投资，扩大生产。

缺乏沟通

缺少沟通。一旦双方缺少沟通，自然会站在自己的角度，依据自己已有的心理定式解释对方的行为。很显然，心理定式是一种带有强烈主观性和情绪色彩的心理活动，因此极容易造成误解，导致冲突产生。

缺少沟通技巧。例如：当冲突并不严重时，如果一方的言辞比较激烈，另一方一定会以同样的言辞来应对。此时，冲突就会升级。

交流不顺畅。双方之间因为表达的频率不同，常会导致沟通不顺畅。沟通不顺畅后，双方必然会中断沟通，冲突也就难以缓和。

鲶鱼效应：发挥冲突的积极作用 02

最近，周总从别的公司挖掘了一名销售能力很强的员工过来。同事们都很不安，章小万更是担心自己团队业绩第一名的位置保不住。为此，大家都比以前更加卖力地工作。

说到“冲突”这一概念，很多人认为“冲突”就是麻烦。但冲突是否一定会带来不好的影响呢？并非如此！很多时候，冲突不仅不会给我们造成麻烦，反而是有益的。在某种情况下它还是一种“催化剂”，能够使冲突双方重新审视问题，做出更好的决策。而心理学中的“鲶鱼效应”正好验证了这一观点。

所谓的“鲶鱼效应”是指鲶鱼在搅动小鱼生存环境的同时，也激活了小鱼的求生能力。在团队管理中，“鲶鱼效应”就是采取一些激励的手段和措施，刺激员工参与到竞争中，从而发挥冲突的积极作用。一般情况下，冲突的积极作用表现在以下几个方面。

冲突能够带来变革。冲突的发生源自出现两个及两个以上观点，并且观点持有者谁也不肯让步。因此当发生冲突时，人们会努力寻找更好的解

决方法和途径，使这个过程引发变革，最终出现最佳的、令大家认同的观点。

保证决策的有效性。团队在进行决策的时候，如果员工之间没有任何冲突，就会导致所有人对该事件不能全面认识，最终使决策结果在有效性和可行性上存在重大分歧。

冲突有利于进步。冲突能够使团队员工产生竞争，员工会因为想要在竞争中取胜，不断提高自身的能力，进而使整个团队的能力得到提升。

在团队中加入“鲶鱼”

加入新员工。持续招聘新员工或者轮换岗位，为团队注入新的“血液”。当然，这条“鲶鱼”一定要具备很强的能力，能给团队的员工造成一定的威胁。而老员工为了不被新员工“吃掉”，会不断对自己提高要求，快速成长。

如何发挥冲突的积极作用

建立竞争机制。在团队中建立竞争机制，培养员工的竞争意识，激发员工的创造力和潜能。例如：将团队分为两组或两组以上，各个小组针对任务提出自己的建议和意见。最终意见被采纳的小组获胜，小组成员可以获得奖励。由此，各个小组为了获得奖励，一定会突破自己，想出更具创意的点子，并会极力找出对方的不足之处，使整个团队“活起来”。

掌控局面，避免消极冲突

“鲶鱼”不要太多。“鲶鱼”的多少是引发冲突大小的关键，小的冲突能够起到积极作用，大的冲突则会引发团队问题，也就会起到消极作用，例如：冲突太多会产生恶性竞争。只要与自己的利益相关，员工就会想尽一切办法否定对方，很有可能出现为了成功不择手段的情况。

控制消极冲突的发生。对消极冲突的发生进行管控，保证冲突发挥积极作用。例如：员工针对对方意见提出不足之处，是一件值得赞赏的好事，关系到团队的利益。但是管理者这时不站出来掌控局面，不以团队利益为前提表明立场，对方很可能觉得这名员工是在针对自己，使冲突恶化，造成不良影响。

03 托马斯－基尔曼冲突管理模型

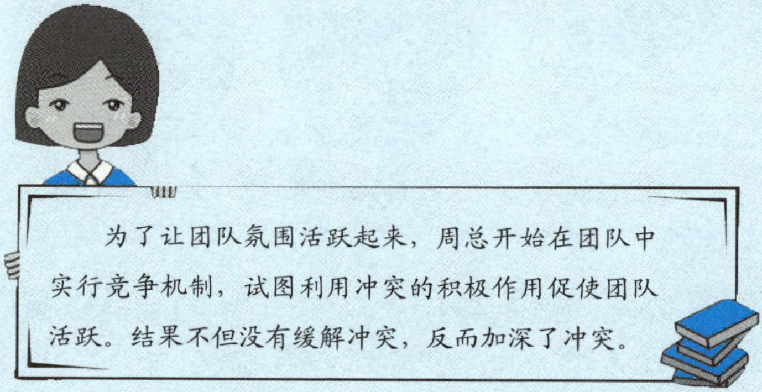

在团队管理中，发生冲突是不可避免的，积极的冲突能够活跃团队氛围，为团队带来发展。但让管理者头痛的是，如何才能避免恶性冲突。组织行为家庞帝曾指出：如果对组织结构进行合理设计，对员工进行正确培训，再辅助冲突管理的方法和技术，冲突是可以避免的。也就是说，管理者要想避免恶性冲突，就需要学会冲突管理。

冲突管理是指采用一定的干预手段，改变冲突的水平和形式，以最大限度地发挥冲突的益处而抑制其害处。而要做好冲突管理，首先要确定冲突管理风格。根据团队成员介入的方式，研究者区分了5种冲突管理风格。每种风格由两个维度上的不同水平组合来标识。

维度一：武断性。表示冲突的武断程度，代表了成员试图满足自身利益的动机。

维度二：合作性。表示冲突的合作程度，代表了成员试图满足他人利

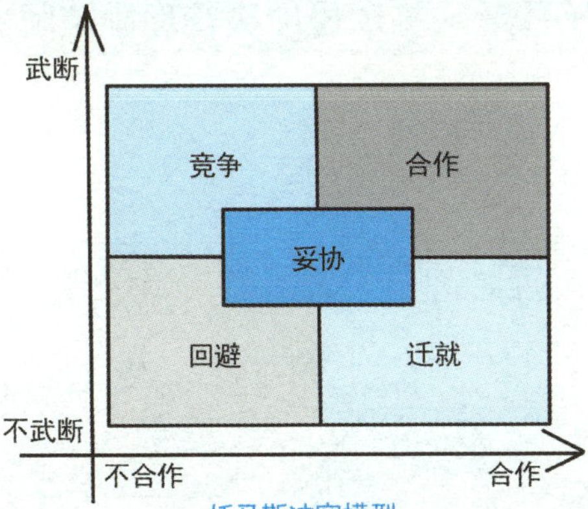

托马斯冲突模型

益的动机。

根据以上两个维度形成了 5 种典型的冲突管理风格——托马斯 - 基尔曼冲突管理模型。

竞争：武断性行为解决冲突

竞争是由发生冲突的双方采取了武断性行为造成的。双方都站在自己的立场上，以牺牲对方的利益为代价，试图在冲突中占据上风。这种极端的不合作的冲突管理方式显然不是最佳的方案。

确定自己是正确的。如果一方确定自己是正确的，且需要尽快解决双方的分歧，那么这种竞争是有必要的。

处理紧急事件。这个时候需要快刀斩乱麻，因此需要武断性。例如：在处理一项紧急工作时，两名员工都想去做，谁也不肯让步，而管理者需要尽快安排一个人去做，管理者可能直接让能力强的人去做，而不是考虑其他因素。

如何运用托马斯－基尔曼冲突管理模型解决冲突

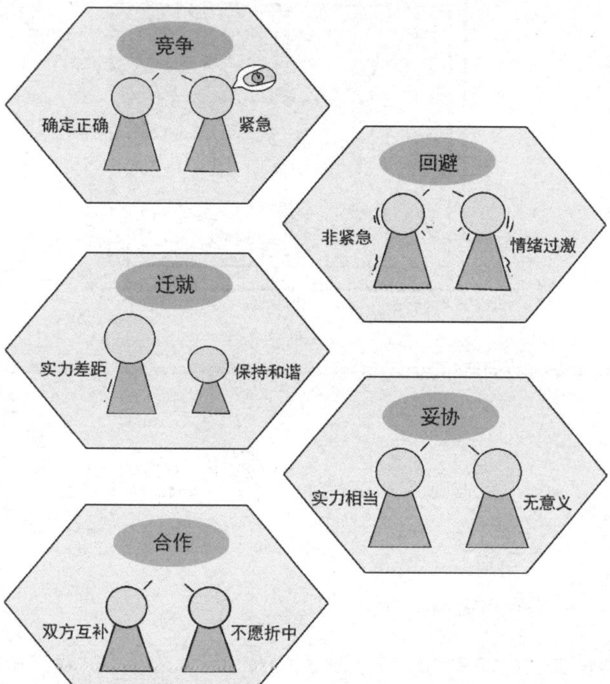

回避：消极态度解决冲突

回避是发生冲突的双方通过逃避问题来解决冲突。这是双方既不采取合作性行为，也不采取武断性行为而造成的，是一种比较消极的冲突管理方式。

非紧要事件。在处理不是很紧要的事情时选择回避比较适用。

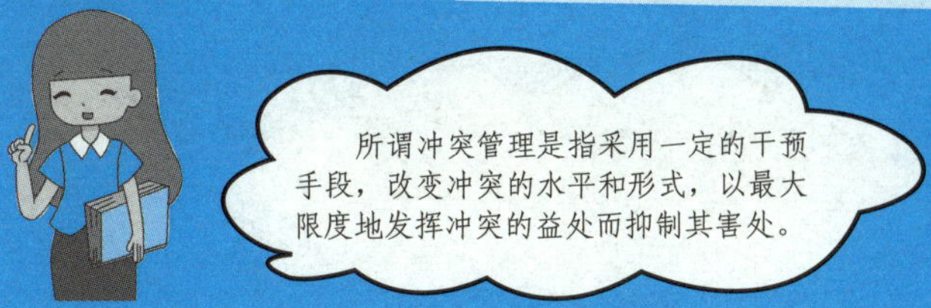

双方情绪过激。当双方情绪过激需要冷处理时，回避也是不二之选，能够有效防止冲突进一步激化。

迁就：屈服对方想法解决冲突

迁就是指发生冲突的双方高度合作，不采取武断性行为，也就是说一方屈服于另一方的想法，只考虑另一方的利益和要求，而忽视自身的利益和要求。

实力差距。当对方的实力很强，或者自己对这件事情并不那么在意时，可以采取迁就的方法。但是这并不是长久之计，因为对方很可能会得寸进尺、变本加厉，不利于解决冲突。

事情对他人非常重要。双方因为一件事引发冲突，而这件事对他人更重要时，就需要采取迁就的管理方式。

保持和谐。当冲突会引发分裂的时候，为了团队的和谐，一般需要运用迁就的方式进行管理。

妥协：以折中的方式解决冲突

妥协是发生冲突的双方有合作行为，也有武断性行为。双方希望可以找到解决冲突的折中点，这样双方的利益得失相当。

实力相当。当双方势均力敌，且亟须解决冲突时，不妨采取这种方式。但是由于发生冲突的双方同时忽略了双方的共同利益，所以在解决一些大的冲突时妥协并不是很好的解决冲突的方法。

无意义的冲突。当一场冲突的双方势均力敌，或者争执的事情本身没

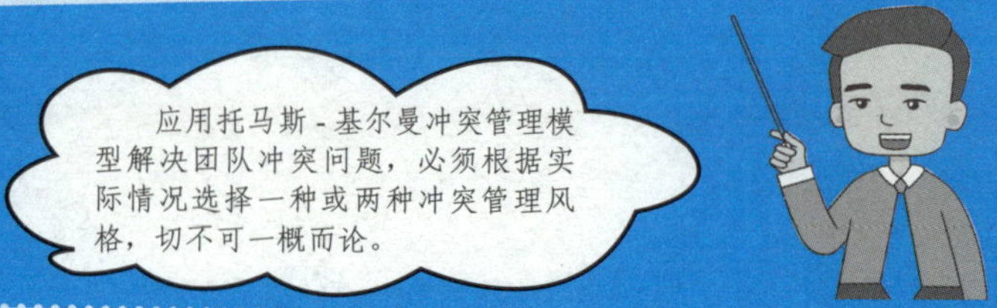

有意义，冲突纯粹是在耗费时间和精力时，要采取妥协的管理方式。例如：先有鸡还是先有蛋这个问题本身就是没有结果的，而且答案也没有意义，这个时候不如选择妥协。

合作：通过协商解决冲突

合作是发生冲突的双方具有高度的合作性，又有高度的决断力。双方通过分享自己的想法，发现与对方的共同点，找到最好的解决方法，从而通过协商解决冲突。运用合作的方式解决冲突可以充分维护双方的利益，这是解决冲突的最佳方式之一。

不愿意折中。当一件事对双方来说都非常重要，而且双方都不愿意采取折中的方式时，就需要双方开展合作，寻找突破性的解决方案。

观点片面且双方互补。当冲突的双方或者多方的观点比较单一、片面，而他们的观点又恰好可以互补的时候，可采用合作的方式解决冲突。

团队冲突管理的六大原则 04

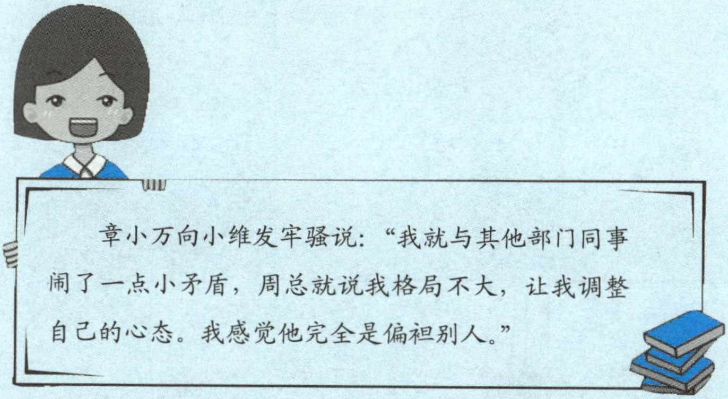

很多管理者在面对团队冲突时，会想办法缓解双方的冲突，但是很多时候效果适得其反。例如：周总想缓解章小万与同事的冲突，希望章小万放大自己的格局，与同事友好相处，但是章小万认为周总在偏袒对方，因此冲突变得更大。

导致这种问题产生的原因是，管理者不懂冲突的管理准则。管理者管理冲突的错误方式一般有以下 5 种。

三角关系。当发现团队员工出现冲突的时候，管理者会进行干涉，帮助员工解决冲突。这个出发点本身是好的，但是有些时候，团队的冲突问题原本是团队员工自己就可以解决的，当管理者干涉的时候，冲突会由两方冲突演变为三角拉锯战，使冲突变得更复杂。

寻求第三方支持。多数管理者在管理团队冲突的时候，总是会寻找第三方支持自己。这会让员工认为管理者强制处理冲突的方法，与合理的管理

冲突方法是相反的。

习惯延长解决时间。管理者在管理冲突的时候总是习惯延长解决时间。例如：两名员工起了冲突，管理者一般会先对他们一通说教，然后让他们自我反思。但事实上，冲突拖延的时间越长，越容易发散，原本只是两个人的冲突，最后很可能引发团队冲突。

主观性的管理冲突。在管理冲突上，管理者会采取主观的管理方式，而不是站在所有人都能达成共识的角度。

偏袒处理。有些管理者在管理冲突的时候，会因为引发冲突的一方员工和自己的关系比较好，因此有所偏袒，这样必然会使其他员工产生不满。

原则一：对事不对人

在管理冲突上，管理者要针对引发冲突的事情进行管理，而不是针对引

管理团队冲突的六大原则是哪些

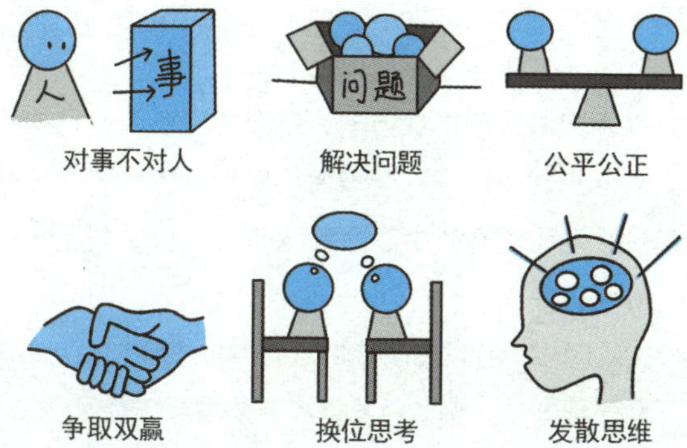

发冲突的人。简单来说，就是在处理事情的时候，不应带有任何个人情感，要就事论事地处理冲突。

原则二：致力于解决问题

在管理冲突方面，管理者应找到冲突的来源，并致力于解决问题。例如：两名员工因为争一个任务而引发了冲突，管理者这个时候要做的就是针对员工的能力、特长等，将任务分配给更适合的员工，而不是单纯调和员工的关系，忽略冲突事件的本质。

原则三：公平公正

在管理冲突的时候，管理者要能够做到不偏袒任何一方，做到公平公正处理。例如：一名员工和管理者有亲属关系，他习惯利用这种特殊的身份无理取闹，从而引发冲突。这时候，管理者不能因为这层关系维护他或者不处罚他。

原则四：争取双赢

一般来说，能够引发冲突的原因都是利益受损。因此管理者在管理冲

突的时候，应寻求突破性的解决方式，争取实现双赢。例如：两名员工因为不支持对方的意见起了冲突，管理者可以将他们的意见和观点进行融合创新，形成新观点，使双方都能够得到满足。

原则五：换位思考

在管理冲突的时候，管理者一定要做到换位思考，也就是要避免出现上面提到的主观性管理方式。例如：管理者在处理员工A和员工B的冲突时，应转换角色换位思考，然后分别找A和B单独沟通，了解对方的想法，最后制定解决冲突的方案。

原则六：发散思维

发散思维又叫作一题多解，是指管理冲突时，管理者根据问题的核心，寻求多个解决冲突的方法。常见的发散思维主要有以下两种。

一般发散。一般发散是从核心点出发，寻找各种可能性。如“薛定谔的猫”，就是一种发散思维。

假设发散。它是以假象作为前提来进行的。例如：管理者在处理员工的问题的时候，要能够想到，如果我这样处理，员工会怎么样，但事实上会不会出现这样的效果并不确定。

如何应对新老员工的冲突 05

最近来了两个新员工，周总让章小万带带他们。刚开始他们对章小万安排的工作都能尽心尽力地做好。可是没过多久，他们就开始抱怨：“凭什么每次都把这些粗活、累活交给我们，他们自己都不干。我们都来了一个月了，什么都没有学到。”

从心理学层面来看，冲突主要是来自心理上的付出与回报的不平衡。章小万的新同事正是因为自己的付出没有得到相应的回报开始抱怨老员工，而老员工认为自己辛辛苦苦工作这么多年，不可能轻易让新员工超越自己。这就是一种典型的心理学效应——公交车效应。

“公交车效应”是指公交车到站，车门打开后，没有上车的乘客希望公交车能多停留一会儿，以便自己能上公交车。但是一旦挤上公交车后，往往不希望公交车停留太长时间而让后面的乘客挤上来，并希望可以将后上来的乘客挤下去。这种心理活动是很多团队中新老员工的真实写照，也是新老员工产生冲突的本质原因。通常情况下，新老员工产生冲突的来源是他们特质上的差异。

新员工的特质：

对工作有热情，积极进取；

敢于冒险，敢于尝试创新；

对企业了解少，忠诚度低；

急于表现，显得冒冒失失。

老员工的特质：

对工作缺乏热情，喜欢按部就班地完成工作；

缺乏创造力和创新能力；

对企业了解全面，忠诚度高；

工作经验丰富，遇事沉稳。

管理者要想有效避免因这些不平衡产生的冲突，就需要结合双方的特质，分析他们的需求，进而兼顾双方的利益诉求。只有这样才能在一定程度上避免产生冲突，避免团队陷入秩序危机，进而保证团队健康发展。

如何有效应对新老员工的冲突

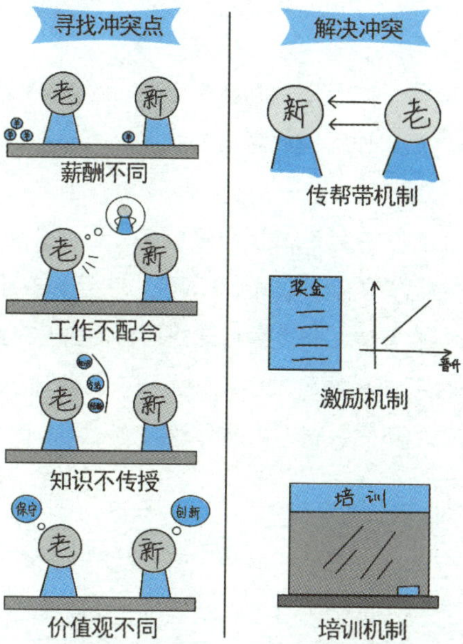

寻找冲突点

解决冲突的前提是找到双方的冲突点、对立点，只有找到冲突点，才能对症下药。一般情况下，新老员工之间容易存在以下冲突点。

薪酬不同。老员工与新员工的最直接差异就是薪酬不同，而薪酬往往是员工最关注的，所以会导致冲突产生。例如：某新员工是名牌大学毕业，到公司后不久，他发现身边的几个老员工是高中或专科毕业，工资却是自己的两倍多，内心觉得不平衡，在工作中对老员工更是不服气。

工作不配合。老员工出于自身利益的考虑，会以新员工对企业不熟悉等为由，不配合新员工工作，并故意施加难度，刁难新员工，防止新员工“抢功”。

知识不传递。老员工在团队的工作经验多，自然会形成一套做事的方法和程序，但是这些程序与团队的制度不同，它只存在于员工的大脑里。而老员工为自己的利益考虑，并不会将这些轻易传递给新员工。

价值观不同。大部分老员工做事比较沉稳，而新员工比较热情，敢于创新。这就是价值观的不同，很容易激化双方的矛盾，产生冲突。

解决冲突

传帮带机制。缓解新老员工的冲突，可以采取传帮带机制。所谓“传”，即老员工要利用自己对团队的忠诚度和认同感，让新员工感受到团队文化，找到归属感，实现文化传承；“帮”，即要求老员工在新员工遇到困难时要帮助员工；“带”，即老员工要带领新员工了解团队工作流程和具体工作要求，熟悉团队人际关系等。此外，该机制要求任何想晋级或想提高薪酬的管理者除了必须做到以上几点，还需要完成对新员工的教练指导工作。

激励机制。在传带帮机制中做得比较好的老员工，可以晋升或获得薪酬奖励。同时，管理者对新员工，也要设置相应的奖励，如“进步奖”“团队贡献奖”等。也就是说，双方的利益是息息相关的，并不冲突。

培训机制。对新员工进行培训，可以同步新老员工的做事方式，有效避免新老员工因为做事方式不统一而产生冲突。

如何应对不同职能团队的冲突 06

周三上午，章小万在路过周总办公室门口的时候，听到周总气愤地说道：“这个产品的销售方案我们花费了很多的精力，你们宣传部为什么不能配合我们的工作？”

一家公司，往往会划分多个不同职能的团队，有的负责销售，有的负责研发，有的负责生产……它们在一起构成了一个大团队，推动着公司整体的发展。但同时，由于各个部门的职能不同，工作流程、工作内容存在差异，不同职能部门之间难免会发生冲突。而不同职能团队之间的冲突，归根结底都是因为利益。

在心理学中，这种心理活动被称为“利己主义”。《心理学利己主义》的作者费因伯格在该书中提到：任何人最终能够欲求或寻求的东西都只能是自己的利益。换句话说，就是人们最终能产生行动的动机都源于对自身利益的欲求。所以，利己主义的特点是，人们会以自我为中心，考虑自身的利益。

在公司中，一个部门就是一个小团队。每个小团队都会以自我为中心，

维护自己的利益不被侵犯，但这样无法避免产生冲突。

这些冲突最终会扰乱整家公司的秩序，破坏各个部门的和谐，对整个团队的发展也会产生很多负面影响。因此，管理者需要学会有效应对不同职能团队的冲突，妥善处理各职能部门的关系。只有这样才能够在整个团队中营造团结、和谐、有序的工作氛围，保证各个职能部门正常运营，实现整个团队的平稳发展。

完善制度，统一目标

不同职能团队间的冲突，很多时候是因为制度不够完善，没有一个标准去衡量他们谁对谁错，从而让双方固执己见，产生冲突。因此，管理者要想解决不同职能部门的冲突首先需要完善制度。

拓宽各个部门的职责。例如：销售部门的主要职责是负责市场、客户、产品销量，但是他们也可以协助其他部门进行产品的物流跟踪，参与其他

如何有效应对不同职能团队的冲突

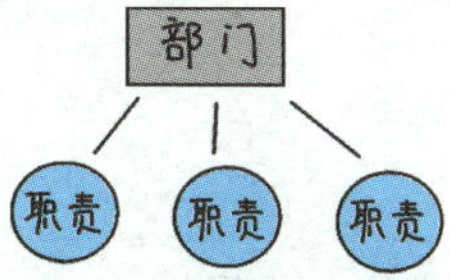

第一步　拓宽各部门职责

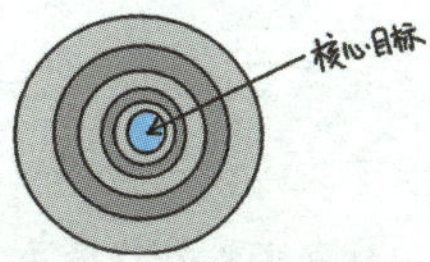

第二步　建立团队核心目标

第三步　各阶层员工的合作共赢

部门对产品的讨论，提出消费者的需求，提出市场的需求等。这样各个部门在汇报工作总结的时候，自然不会推卸责任，而且能够正确地对待自己的问题。

建立团队的核心目标。目标太多很容易造成不同职能的团队之间产生冲突，因此，管理者需要为团队建立核心目标。以销售部门为例，销售部门的核心目标就是将产品卖给客户，并为团队谋取利益。销售部门一旦明确核心目标，即便与其他部门产生矛盾和冲突，也能够找到问题的核心点，并能够找到彼此的统一目标，而不是以自己部门的利益为中心与其他部门对抗。

树立全局的眼光，追求合作共赢

部门之间的冲突大多表现在利益冲突上，所以解决部门冲突最好的方式就是——合作共赢。

部门主管协作。部门主管在团队中起着重要的引导和协调作用。当部门之间发生冲突时，各部门主管应该发挥核心作用。例如：以公司为核心，将各部门主管召集到一起，引导主管站在公司的全局发展的角度分析问题、解决问题，而不是固执己见地站在各自部门的立场上看待问题。

内部成员协作。各部门成员在团队中同样起着重要的作用，他们既能够激化矛盾冲突，又能缓和矛盾冲突。所以，管理者需要关注员工的意见和想法，并引导员工互帮互助，建立合作共赢的关系。

如何应对工作与生活的冲突 07

章小万家里出了点儿事，家人希望她能及时回家帮助处理一下，于是章小万向周总请假。周总说："最近任务都很重，不许请假。"

生活与工作难以分开成了很多新生代员工离职的主要原因之一。当下，新生代员工是业余生活很丰富的一代，他们崇尚精神自由，喜欢将生活与工作完全区分开。一旦生活与工作交织在一起难以区分开，就会导致冲突产生。

随着社会的进步和发展，工作和生活的这种冲突在人们生活中的表现也越来越多。而这种冲突实质上是人们在工作和个人生活两个重要领域中角色的冲突，是人们难以平衡两个角色的带来的压力。从人们在工作和生活冲突中的具体表现形式来看，这种冲突可分为 3 种形式。

基于时间的冲突。即工作角色和个人生活角色的时间分配问题。很多时候工作（或个人生活）角色的时间容易被个人生活（或工作）角色占领，导致无法完全履行工作（或个人生活）角色的责任和义务。

基于压力的冲突。这是指个人在工作（或者个人生活）上产生的压力会影响个人生活（或工作）。

基于行为的冲突。每个人在不同的环境中都会产生不同的行为模式。这里的行为冲突是指个人在工作行为和生活行为上不能灵活调整，容易产生行为错乱，这样自然会产生基于工作和生活的冲突。

这种难以平衡的冲突心理，会给员工造成很大的心理压力。为了有效缓解这种压力，管理者必须帮助员工消除工作与生活的冲突。一般情况下，员工的工作和生活发生冲突的原因有以下几点。

工作压力大，无暇顾及生活。多数管理者为了创造团队业绩，会给员工安排很多任务，无意识中给员工带来了很大的工作压力，使员工无暇顾及自己的生活。例如：领导给员工安排一项工作，并要求三天必须完成，否则自己看着办。一般“自己看着办”这句话，在多数员工看来就是自己

如何帮助员工应对工作和生活上的冲突

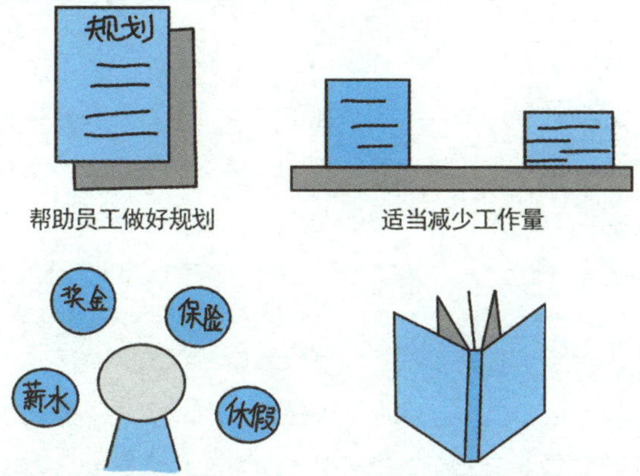

帮助员工做好规划　适当减少工作量　关注员工利益　提高员工解决冲突的能力

加班解决。但工作并不是员工的全部，很多时候员工需要时间和精力来陪伴家人、处理生活中的一些事情。这时候一方面是紧急的工作任务，另一方面是生活问题，无从选择的时候，冲突自然就出现了。

没有明确的规划。多数员工在工作和生活安排上没有明确的规划，因此无法将工作和生活很好地区分。通常的表现是工作侵占了生活或生活侵占了工作，因此产生冲突。

不懂得如何处理冲突。团队员工出现工作和生活上的冲突的原因，还有可能是他们不懂得如何处理冲突。当冲突开始出现的时候，他们只会逃避，以至于冲突越来越大，最后严重影响生活和工作。

帮助员工做好规划

管理者首先需要帮助员工正确认识工作和生活，即要让员工明白工作

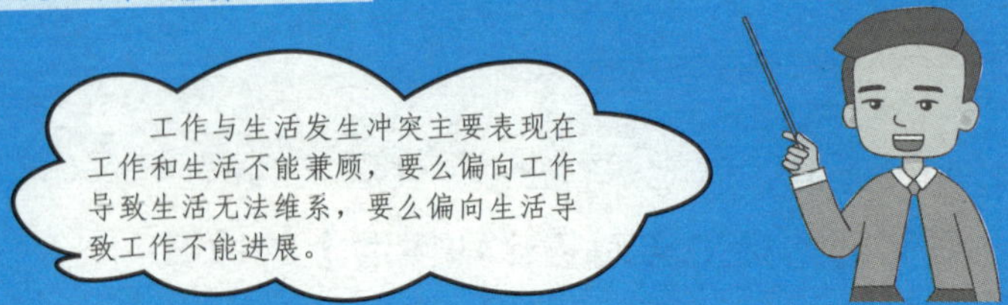

就是工作，生活就是生活，一定要将这两者区分开。管理者可以通过和员工沟通的方式，让员工正确地将工作和生活区分开，从而做好工作方面的规划。例如：制订工作计划，每天完成多少任务，什么时间能完成。一旦员工有时间概念，就会努力完成工作任务，避免加班耽误自己的业余时间。

适当减少工作量

员工出现生活和工作上的冲突，很大一部分原因是员工的工作超负荷，没有时间照顾家庭。因此，管理者要减少员工的工作量，尽量给员工充足的时间，让他们陪伴家人和朋友，尽情享受业余生活。例如：在给员工分配工作的时候，要把握好合适的度，让员工能在上班时间完成工作。

关注员工利益

管理者想要让员工的生活和工作不发生冲突，就要关注员工的个人利益，而不是一门心思管理团队。例如：管理者给予员工更多的弹性工作时间，让员工获得一定的自由。这样既能提高员工的工作热情，又给予了员工更多的私人空间。

提高员工解决冲突的能力

除了需要管理者在管理方式上做出改变、提供帮助外，员工自身也需要培养应对冲突的能力。例如：管理者请专业的培训师对员工进行指导和培训，或者通过沟通和交流的方式培训员工。

第8章

执行管理心理学——高效执行打造团队战斗力

01 为什么团队的执行力不佳

在周一开例会的时候，周总黑着脸走进了会议室，显得十分气愤。他“啪”的一声将手中的文件摔到桌子上，大声说道：“顾及你们的压力，上周给你们安排的工作并没有太多，我以为你们会完成得很好。结果现在不仅效率不高，质量也不过关，到底是怎么回事？”

团队执行力不强会影响整个团队的工作效率，严重的甚至会影响团队的发展。所以，对团队而言，执行力就是竞争力，是团队能够打胜仗的保障。然而在实际工作中，团队执行力不佳成了令管理者头疼的问题之一。

为何执行力总是不佳？其实归根结底是心理原因，如无所谓的心态，根深蒂固的拖延症，对目标不专注的心理等，都像毒药一样扼杀员工的执行力。尤其是对新生代员工而言，他们习惯比较随性的生活，是追求个性的一代人。他们不喜欢权威式管理，因此在权威下实行的执行力对他们而言显然是行不通的。

管理层面：管理制度存在问题

制度不完善。执行力的产生和养成是以切合实际的激励约束机制为依托和载体的，没有一个好的激励约束机制会造成执行力的缺失。例如：没有一个标准的制度，员工不知道如何执行任务，自然导致执行力下降。

制度不合理。很多团队虽然制定了制度，但是制度是由管理者一个人决定的。这种制度即便很完善，也难以让员工信服，更谈不上执行。

制度不严谨。管理者在安排任务时，如果不能明确由何人执行、如何执行，显然会因为方法不对浪费大量时间，且难以顺利执行任务。

没有跟踪监督。执行力差其实就是缺乏自律，喜欢拖延，为了改正这些不良的习惯，管理者需要建立完善的监督考核机制。否则一旦没有人监督，也没有科学的监督方法，员工必然会变得懒散，导致执行力下降。

为什么团队的执行力不佳

执行过程烦琐。执行过程烦琐也是导致执行力不佳的关键原因之一，因为对过于复杂、超出员工接受能力范围的事情，员工也会选择放弃。

领导层面：领导行为的负面影响

管理者没有严格管理。很多管理者强调执行力，但是大多数执行任务虎头蛇尾，没有坚持，导致团队执行力一直难以提升。

管理者自身缺乏执行力。心理学研究表明，人们的行为在很大程度上受他人行为的影响。在一个团队里，员工的行为很容易受到管理者的影响。很多员工会有意识地研究管理者的工作态度和工作方式，并渐渐地让自己适应并迎合这种态度和方式。所以，如果中层管理者的执行力不强，喜欢拖泥带水，员工必然效仿，导致整个团队执行力低下。

培训只是流于形式。为了提升团队执行力，很多管理者采取了培训的方式。但是这种培训只是流于形式，没有对员工的思想和心态产生深刻的影响。在这种情况下，员工显然无法认识到执行力的重要性。

员工层面：缺乏对执行力的认知

员工价值观模糊。很多员工仍然认为工作是为了迎合管理者。这种价值观导致员工工作的时候严重缺乏责任心，遇到事情想方设法拖延，而不是积极完成任务，最终导致执行力下降。

缺少认同感和归属感。团队成员如果不认同组织的文化和价值，就很难找到认同感和归属感，而缺少这种感觉的员工，一心只为自己考虑，不会顾及团队的发展。这样的心理会严重影响团队的执行力。

02 米格 –25 效应：人力资源配置优化

周总最近很郁闷，他自认为手下员工的能力都不差，尤其是他最近还引进了两个“尖子”人才。但是，为什么团队的整体业绩还是没能快速增长呢？

米格 -25 是苏联研制生产的喷气式战斗机，它所使用的许多零部件与美国战机相比要落后得多，而其整体作战性能达到甚至超过了美国的战斗机。米格公司在设计时从整体性能考虑，对各零部件进行了组合，使米格 -25 战斗机在升降、速度、应急反应等方面成为当时一流的战斗机。这种因组合协调而产生的意想不到的效果，被称为“米格 -25 效应”。

在团队管理中，“米格 -25 效应”代表的就是对团队的人力资源进行整合优化，从而产生“1+1>2”的效果。但在很多企业中，管理者无法发挥人力资源的最大优势，究其原因主要表现在以下几点。

管理者只顾自身利益。管理者出于自身利益考虑，不愿充分发挥人才的聪明才智，反而想方设法卡住人才，给人才发挥才能制造障碍。这样使人才学非所用或用非所长，甚至被闲置，造成企业人力资源的极大浪费。

管理者盲目追求人才。许多管理者不顾团队的实际情况，盲目追求高学历人才。例如：在实际配置人才时，把高素质的人才安排到低价值的岗位上，导致大材小用，从而造成企业成本的上升和人力资源的浪费。

管理者管理能力欠缺。企业虽然设置了人力资源系统，但管理者缺乏相应的管理能力，导致人力资源体系没有上下贯通。此外，如果管理不当会造成企业对人才的选、用、育、留等关键环节缺少有效的流程监控，导致产生无谓的用工风险和管理漏洞。

没有建立完善的人力资源管理系统。如果没有建立完善的人力资源管理系统，会导致人力资源管理基础不扎实，数据分散，缺乏有效整合，无法做到人力资源的整体优化配置。

如何对人力资源进行优化配置

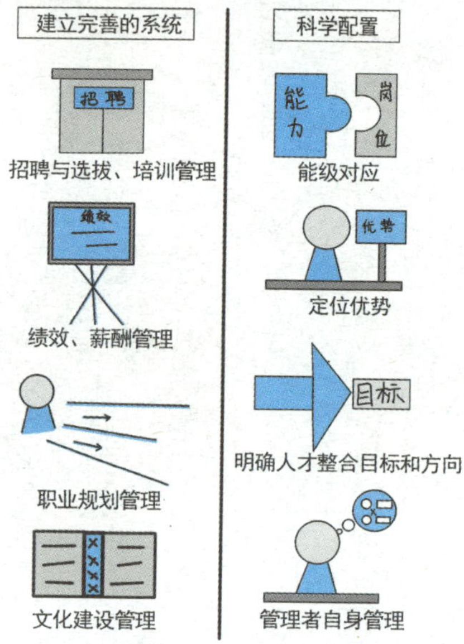

建立完善的人力资源管理系统

招聘与选拔。招聘与选拔是人力资源中最基础的工作之一，但是对企业的发展来说意义重大，因为它能保证企业的人力资源工作有效开展。

培训管理。在任何人的内心都有一种求知欲，而这种欲望会转化成对知识的需求。为了满足人们的这种需求，管理者需要采取培训管理。

绩效管理与考评。绩效管理和考评是管理者运用各种方法和策略，对员工进行综合管理，并对员工的表现进行评价的过程，主要是为了满足员工的需求，激发员工的动机，从而提高团队的绩效。所以，在人力资源管

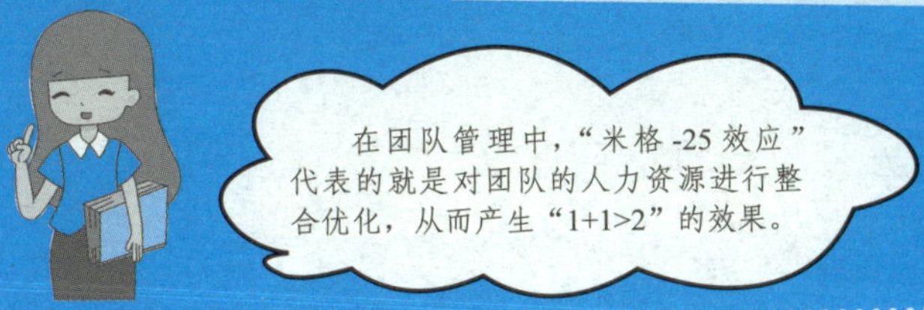

理系统中，这个环节是至关重要的。

薪酬管理。薪酬能够满足人们最根本的生存需求，能够调动员工的积极性，使他们愿意并努力为团队效力。因此，要想优化人力资源，就必须实施薪酬管理，以激发员工的积极性和潜能。

职业生涯规划与管理。职业目标是否清晰，直接关系一个人未来的发展状况，而进行职业生涯规划和管理，能够帮助员工和团队实现职业目标。

组织文化建设。建立和谐的组织文化，能让团队产生向心力和凝聚力，进而提升团队的执行力。

科学合理地配置人力资源

能级对应。在进行资源优化组合的过程中，管理者要针对员工的性格特点、工作能力和工作经验进行优化组合。简单来说，每个人所具备的能力要与所处的层级和岗位要求相匹配。

定位优势。每个人都有自己的优势，但是在实际的工作中，一些因素使人的优势受到制约。因此，管理者需要帮助员工认清自己的优势，并根据员工的优势和岗位要求，安排发挥其优势的岗位。

明确人才整合目标和方向。管理者在整合人力资源时，要设定明确的方向和目标，没有方向和目标会让整合失去作用。

管理者加强自身的管理能力。要想做到科学合理地配置人力资源，管理者首先要具备强大的管理能力，能够有效监督管理过程，如果人员和岗位发生变化，要学会实时对人员配置进行合理的调整。

03 热炉效应：用制度监管执行

> 小鑫每天上班都喜欢迟到一两分钟。按照规定，上班迟到是要被处罚的，但是因为他迟到的时间比较短，所以周总一直睁一只眼闭一只眼。结果越来越多的人开始迟到，从迟到一两分钟，到迟到四五分钟，甚至是二十几分钟。

热炉效应是指在企业或组织中，任何人触犯规章制度都要受到惩罚，由于它和触碰热炉有很多相似之处，故而得名。在管理工作中，运用热炉效应可以让员工不敢随意触犯团队的规章制度，并让员工明白团队规章制度的重要性和不可触犯性。这样，员工自然会自觉遵守团队的规章制度，使团队养成良好的风气，朝着积极的一面发展。

现在很多管理者虽然制定了团队制度，但是不懂得如何运用能让员工自觉遵守并执行。在管理工作上，他们常犯的错误是喜欢实施“人治”而不是“法制”，因此导致管理工作难上加难。

通常情况下，员工不遵守制度的原因如下。

制度不明确。当团队的制度不够规范、不够合理时，制度形同虚设。

这个时候就会出现各种问题，例如：员工会漠视制度，上班迟到或早退等。

差别对待。当管理者不能公平地用制度监管员工的时候，就会出现差别对待。这种差别对待会让员工产生不平衡心理，从而不认同管理制度。

无法做到防微杜渐。在企业管理中，管理者最容易出现的问题就是无法做到防微杜渐。例如：员工犯了一个小错误，管理者会觉得大家是同事，因为一件小事处罚员工会破坏同事关系，于是就忽视了员工的错误或不追究员工的责任。最后往往导致更多员工忽视制度，不按照制度完成任务。

警告性原则：让你的员工知道事情的严重性

当你看到一个火红的热炉，就会知道它的温度很高，这时候你是不会轻易去触碰的，因为你知道它一定会烫手。为了达到这种警告性的效果，管理者要经常对员工进行规章制度教育，以警告和劝诫员工不要触犯规章制度，否则一定会受到严厉的处罚。例如：管理者可以开展团队制度培训课程，让员工系统地学习、了解团队的规章制度。尤其是违反制度后的处罚措施一定要明确告知，以起到警告作用。

如何运用热炉效应监管团队执行

一致性原则："说到"就要"做到"

在热炉效应中，如果你的手碰到热炉，一定会被灼伤。这就是"说到"和"做到"，也就是我们所说的一致性原则。在团队管理中，员工触犯了制度就一定要接受处罚。例如：制度规定上班迟到一分钟罚款 10 元，如果员工上班迟到 10 分钟，就要被罚 100 元。如果管理者忽视甚至漠视员工的错误，不予追究，那么员工自然会漠视制度，不配合执行。当然，除了处罚外，奖励也是如此。只有遵守一致性原则，员工才能信任管理者，才能积极执行工作任务。

即时性原则：给予及时反馈

在热炉效应中，当你触碰到热炉的时候会立即被烫伤。也就是说在管

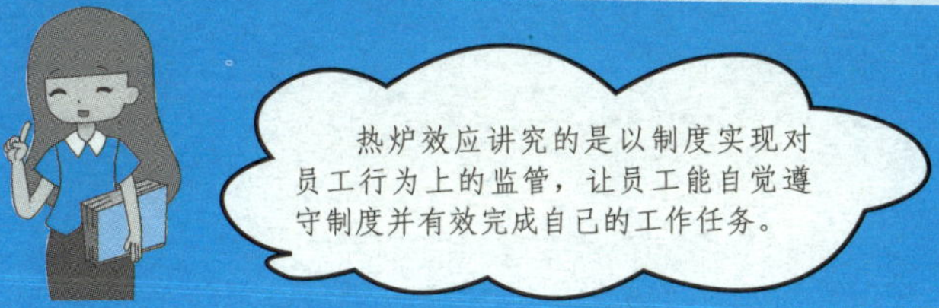

理工作中，无论是奖励还是处罚员工都必须立即执行，及时给予员工反馈，决不能拖延或者处理起来拖泥带水。例如：员工早上上班迟到，那么当他来到公司的时候就要对他进行处罚，不要拖到中午、晚上下班甚至第二天处罚，那样只会让制度的威慑力和约束力降低。只有及时处理，才能让员工看到规章制度的威严，才能有效震慑员工，让员工不再轻易触犯制度。

公平性原则：制度面前人人平等

在热炉效应中，无论谁触碰了热炉，最终都会被烫伤。这就是公平性原则。在团队中该原则体现的是，无论谁触犯了规章制度都会受到惩罚。惩罚不能有双重标准，不能因犯错人的身份、地位特殊而不去追究。例如：董事长的女儿来公司实习，犯了一个很大的错误，管理者必须对她进行处罚，不能因为她的身份而不予处罚。在管理中，企业管理者要做到对事不对人，不能因为个人感情、个人意识和人情关系行使惩罚。唯有让员工感受到公平，员工才会认可并执行制度。

04 赢者心态：主动出击，全力以赴

每次做项目总结的时候，小鑫总是“拖后腿”。周总批评他，希望他能够积极对待工作，承担自己的责任。小鑫却说：“现在这样轻松工作就是我的理想，我可不想为了工作让自己不快乐。”

很多时候，决定一个人成功的并不是一个人的能力，而是一个人的心态。从心理学角度来看，心态会决定人的信念，而信念会支配人的行动，最后行动会呈现结果。所以，一个人如果想要成功，必须主动出击，全力以赴，拥有赢者心态。

然而新生代员工缺乏的正是这种能力。对新生代员工而言，大多数人对工作的心态是“差不多就行”“开心就好”。所以在工作中，他们的表现比较被动，管理者让他们怎么做就怎么做，从来不会主动出击，全力以赴。因此导致很多能力很强的人才被埋没，团队执行力大大降低。通常情况下，这种问题出现的原因有以下 4 点。

员工跳不出“舒适区”。员工喜欢安于现状，对未来没有明确的目标和规划，是导致员工没有赢者心态的关键原因。

为什么员工缺乏“赢者心态”？

自我意识过强。新生代员工大部分比较自我，不太追求更高的职业发展和经济回报。对他们而言，工作只是生活的一部分，不愿意为了工作改变自我，更不愿为了工作牺牲自己的时间与精力。

性格懒散。员工对待本职工作敷衍了事，对企业安排的工作能拖则拖，能少干就少干。工作态度是“不需要那么卖力，差不多就行”。

对待遇不满。员工对目前的薪资待遇不满，又没有能力改变现状，于是更不愿意全身心地投入工作，每天得过且过。

以上这些都有可能导致员工丧失赢者心态，不愿意主动出击、全力以赴地工作。关于这种心态，心理学家认为，人在以往的活动中价值观已经固定，对事物带有明显的倾向性，人们倾向接受符合自己价值观的事物。因此，为了改变员工的心理倾向，管理者需要给予员工足够的心理调适时

如何培养员工赢者心态

间及心理调适的空间，引导员工调整心态，树立正确的工作理念，改正“做一天和尚撞一天钟”的错误做法，培养员工主动出击、全力以赴的赢者心态。

赢什么：给员工明确的目标

薪酬或奖金。薪酬和奖金是简单、直接的激励方式，也是一个最基础的目标，能够满足员工最基本的需求。例如：管理者需要让员工明确知道工作做成什么样，可以涨工资、获得奖金，并要明确奖金的数额。

职位晋升。升职是工作中常见的奖励方式，能够激励员工努力工作，激发员工的工作热情。因此，管理者需要让员工知道，完成哪些任务可以晋升什么样的职位，晋升后的薪酬是多少等。

个人成长和其他。除了最基本的薪酬和职位晋升，员工还有个人成长方面的目标。这些都需要员工明确知道。

怎么赢：明确“赢”的方式

用能力说话。管理者的任务是要带领团队创造高绩效，因此员工要想

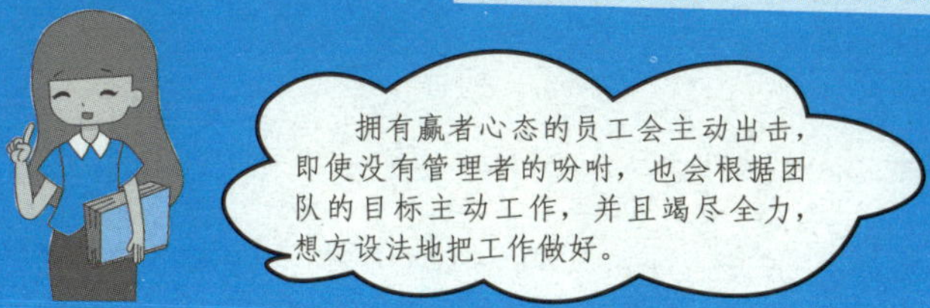

“赢”得想要的东西，就必须发挥自己的潜能，为团队创造利益。这就需要管理者激发员工的潜能。例如：给员工设定工作完成的时间，采取竞争排名的方式，公布优秀员工的名单。

用实力兑现承诺。用实力兑现承诺，即无论是管理者还是员工，在接到工作任务之后，要承诺自己能做到，并用实力将承诺付诸行动。首先管理者要以身作则，树立榜样。例如：管理者在会议上立下军令状：我一定会带领你们完成任务。这样通常会给员工带来很大的自信和动力，让员工不断挖掘自己的潜能。

敢拼才会赢：给员工“赢”的勇气

让他们看到希望。员工害怕的原因大多是，对未来没有一个很好的预见。那么管理者就需要帮助员工进行职业生涯规划，让他们看到希望，从而增强自己的勇气。

给他们“更好”的舞台。要让员工没有后顾之忧地主动出击，管理者应该给员工搭建更好的舞台。这里的“舞台”是指一个积极向上的环境，以此激励员工全身心地投入工作。

05 专注目标：结果导向，贯彻到底

原本一个星期完成的任务，章小万两天就完成了。小维私下问章小万：“你是怎么做到效率这么高的？真是太厉害了！”章小万回答说：“我工作的时候只想着目标，不会翻阅手机信息或网页弹出来的消息，直到目标实现。”

专注目标，以结果为导向，是为了实现目标所表现的行为。这在心理学上被称为结果导向理论。该理论主要是把精力集中在“关键目标”上，一旦团队所有员工的精力和执行的核心都在最高目标上，团队的执行力和效率就会提升，最后的结果一定会令所有人满意。

但是现在很多新生代员工对目标的专注度并不高，对结果的重视度也比较低，执行力差。在工作上，他们更在意的是过程，最后目标难以完成，结果不尽如人意。导致这个问题的根本原因是，员工缺失对目标的专注力。

从心理学上来说，专注力的缺失，是因为人们没有美好的事物去追求，让人们的体验感觉越来越浅薄，越来越低效率甚至感觉更加乏味与焦虑。一

专注目标，高效工作

旦缺失专注力，人们很快就会忘了最初的目标，忘了想要什么样的结果，最后因为找不到目标和方式，导致难以达到预期结果。

但是，当今社会各种信息纷繁复杂，并且层出不穷，员工很容易因为外界信息的影响没有办法全神贯注地工作。例如：电脑上出现的各种娱乐、购物类的小窗口，手机短信、微信群等，都会转移员工工作时的注意力。因此，如何让员工专注目标，以结果为导向，是管理者必须重视并解决的问题。

强调结果：明确并时刻谨记目标

强调你要的结果。这样员工就知道往哪个方向努力，并且在完成目标的过程中能做好计划。员工就不会只是为了完成任务而完成任务，而是清楚该往哪个方向努力并会对应哪种结果。

明确并谨记目标。知道自己要的结果是什么，员工就会锁定结果，明确并时刻谨记目标，从而专注目标，贯彻到底。例如：管理者可以将目标

如何才能让员工专注目标？

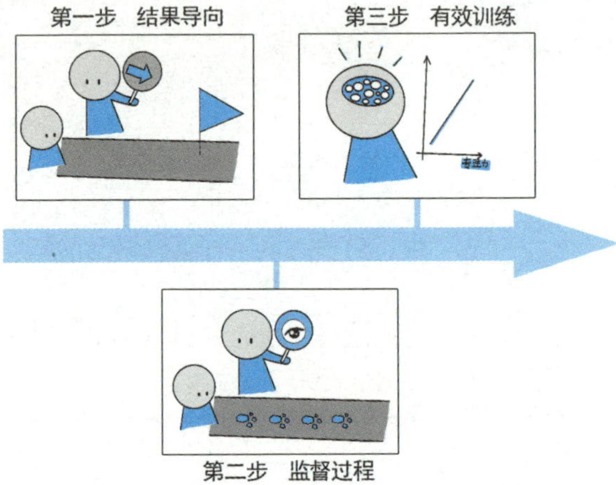

和结果写出来，贴在办公区域显眼的地方或以邮件的形式发给员工，让员工能够以此时刻鞭策自己，提高专注力。

过程监督：防止专注力缺失

在完成工作任务的时候，员工很可能会因为外界事物的干扰，导致专注力缺失，忘记自己最初的目标和自己想达到的结果。为此，管理者需要对员工的工作过程进行有效监督。

正确引导。在完成任何一项工作的时候，管理者需要让员工知道这件事情是不是对达成目标有帮助，如果这么做，结果是不是自己想要的。

及时纠正方向。当员工的工作方向出现偏差时，要引导员工走到正确的路上来；当员工面临多个方向无法选择时，管理者要帮助员工仔细分析这几个方向的优缺点，引导员工做出合理的选择。

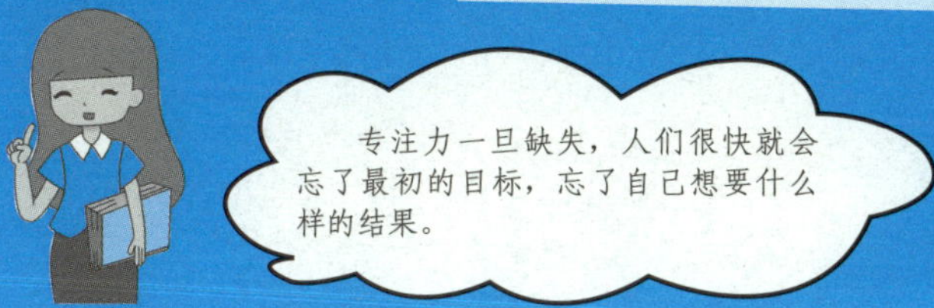

有效训练：训练员工提高自己的专注力

“黄金时间法则”。时间管理中有一条重要的管理原则是“黄金时间段做黄金事”。所谓“黄金时间”就是某个人体能的高峰期。在这个时间段，人的专注力也会呈现高峰期，做事的时候会出现事半功倍的效果。

让员工学会自我控制。导致一个人专注力分散的原因有很多，这一点存在个体差异。有的人很容易被外界的一点点动静干扰，而有的人相对来说会好一点儿。因此，这就需要员工个人根据自己的实际情况，了解自己的弱点，并学会自我控制。例如：员工可以在电脑前或者办公桌上等醒目的位置，贴上便签，如“别聊天，工作还没做完”“再刷微博，你晚上就要加班了”。这种幽默的便签，既能让员工保持好心情，又能让员工时刻提醒自己，专注工作目标。

06 精准授权，让执行更高效

章小万在与客户谈判的过程中，遇到了一个大难题——客户提出的价格比公司的报价低了20%。在谈判之前，周总交代过："如果要让价，一定要给我打电话。"章小万虽然用尽办法，还是无法说动客户。最后，客户甚至说："只要你同意这个价格，我们立刻就可以签约。"章小万无奈地说："我没有这个权限，您稍等一下，我打个电话。"没想到，就在章小万给周总打电话的几分钟内，客户就被竞争对手的公司抢走了。

管理者要想培养员工的执行力，就要懂得如何精准授权。对新生代员工而言，"被授权"是比奖金等物质上的激励，更能提升他们执行力的一种方式。但很少有管理者意识到授权的重要性。通常情况下，造成授权机制难以建立的原因有以下几点。

管理者对授权认识不足。从管理者心理分析，一方面管理者格局不大，害怕授权给员工后，权力收不回，影响到自身的利益，让自己失去权威和地位；另一方面管理者看重面子，认为授权给下属，让下属做主处理问题丢

了自己的面子，也会让下属质疑自己的工作能力，从而失去下属对自己的尊敬。

管理者对下属缺乏信任。管理者只相信自己，漠视员工的能力和才干，不相信员工能独立完成工作，害怕授权给员工，会造成不可收拾的局面。还有一种管理者忌惮员工的能力和潜力，他们同样不敢也不愿意授权，他们担心这些才华横溢的下属一旦掌权后便会超越自己。

界限不清晰，授权模糊。管理者在授权的时候会出现很多问题。例如：管理者急功近利、随意授权，导致授权遭到员工的一致抵触；权责不明，如果只给员工放权而不让其承担责任，反而会挫伤员工的自尊心，使员工误认为自己并未被真正授权，或者同时授权给多人共同负责一项工作，但没有明确责任归属，导致员工在工作中互相推诿，不负责任。这些都是因为授权界限不清晰，授权模糊导致的。

员工不愿意接受授权。很多管理者在授权的时候过分强调责任，导致

如何对员工进行精准授权

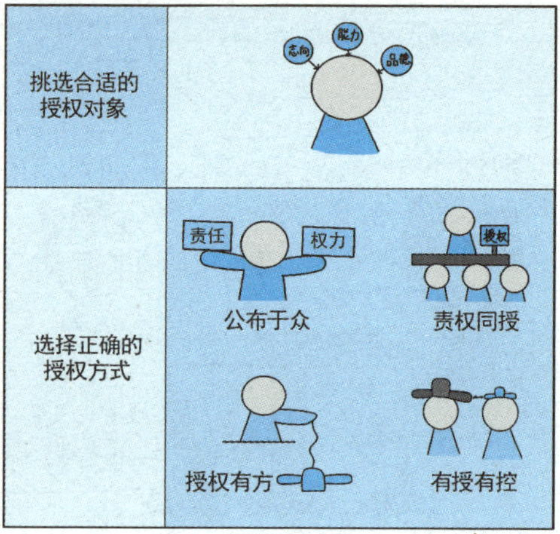

员工对于授权的理解是“权力有多大，责任就有多大”。而很多员工工作的态度是“多一事不如少一事”，害怕承担不了权力所带来的责任。所以，在这种情况下，他们宁愿拒绝接受授权。

挑选合适的被授权人

被授权人的志向。被授权人有没有志向获得权力，并利用权力执行工作任务，是挑选合适的授权人最关键的一点，这直接决定了授权是否精准、有效。

被授权人的能力。被授权人的能力决定了能不能将权力合理、有效地发挥作用。所以，管理者在挑选合适的被授权人时，要对员工的能力进行综合考量，最后选出能力强的人。

被授权人的品德。只有能力是远远不够的，被授权人还必须具备很高的道德修养。唯有德才兼备的人，才是最合适的被授权人。

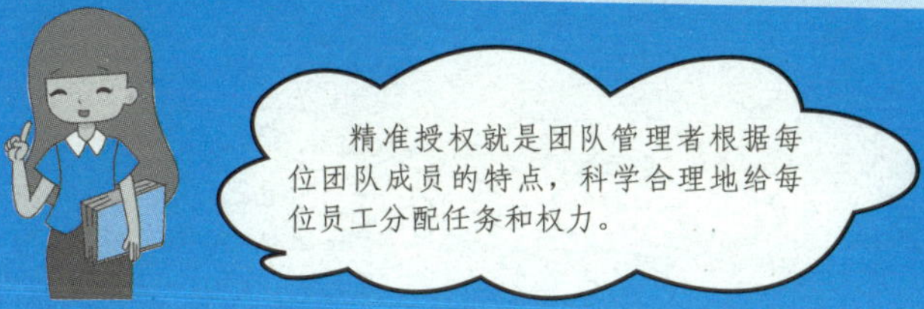

选择合理的授权方式

权责明确、责权同授。管理者确认了被授权员工，就要充分信任他，同时也要对被授权员工实行必要的监督和控制。管理者向员工授权时，要对员工的权力和责任划分清楚，做到权责统一。管理者仍然对员工的工作负有总体责任。只有上下相互监督、责权明确，领导工作才会富有成效。

授权要公布于众。管理者对被授权员工的权力的时效、权力的范围以及相应承担的责任都要公开，便于被授权员工开展工作，与其他同事相互支持。

刚性授权和弹性授权。管理者要根据工作难度和员工能力而授权。对能力低的员工采取刚性授权，安排难度较小的工作。对这类员工要硬性规定工作完成时间和质量，有明确的交代和指示，员工照章行事即可。对精明强干的员工采用弹性授权，安排难度大、情况复杂多变的工作。对这类员工，管理者只需指明工作的重点，为员工履行职责提供较大的自由度。

回归式授权和渐进式授权。回归式授权是指管理者把解决某一特定问题的权力授权给员工，当问题解决完，权力也要及时收回。渐进式授权是指管理者不能一次性把权力授完，而是把应授予员工的权力分步、分阶段地授予员工。

有授有控，授权适度。管理者要严格把控授权的度，如果授权过度，管理者等于放弃了自己的权力，如果授权不足，管理者仍然会陷入琐碎的日常事务中，员工也不能充分发挥积极性和创造力。如最后的决策权、重要的人事权、带有全局性的指挥权、监督权等管理者要紧握手中。如果管理者把核心权力也授权给员工，可能会造成大权旁落，管理者被“架空”，管理活动将失去控制，出现混乱。

07 做好计划和时间管理

章小万每次都能提前完成任务，这让小鑫很纳闷："你是怎么做到的？"章小万笑着说："我就是在接到任务的时候，做好规划，如多少天完成，每天完成多少，甚至细分到每小时完成多少。这样我就能管理好自己的时间，效率自然就上去了。"

对新生代员工而言，他们并不喜欢做计划和时间管理，他们觉得这种事情是一种约束，限制了自己的自由，会给自己造成压力。但是，工作时间占据每个人生命的近1/3，员工如果不善于管理工作时间，会导致工作陷入混乱和无序，团队的执行力降低，影响团队的发展。

美国心理学家威廉·詹姆斯（William James）对时间行为学研究发现，员工对待时间有两种态度："这件工作必须完成，它实在讨厌，所以我能拖便尽量拖"和"这不是件令人愉快的工作，但必须完成它，所以我要马上动手，好让自己能早些摆脱它"。这两者对于时间的态度，前者是消极的，后者是积极的。

在工作中，这种心态的不同是，当员工遇到比较厌烦或难度较大的工

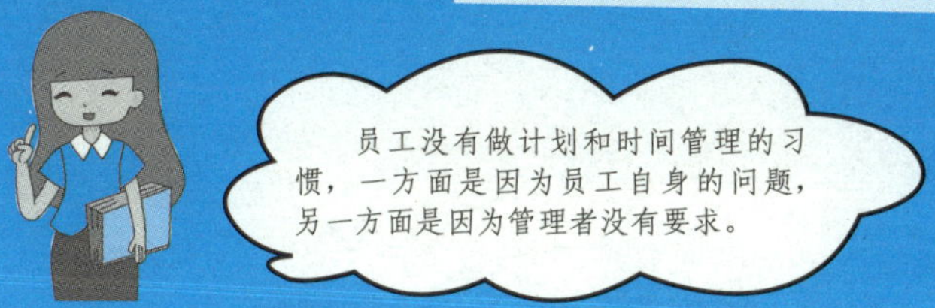

作时，积极对待工作和时间的员工，能够迅速调整自己的心理状态，做好计划安排，珍惜工作时间，勇敢踏出第一步，把难做的工作做完；而消极的员工会先把其他容易做的工作做完，把最不好做的工作放到最后，能拖则拖，无法再拖时就草草地把工作做完，导致不但工作效率差，而且工作成果不太好。

不懂得做计划，不会安排时间的员工，其自身存在很多问题。不管生活还是工作，员工都没有养成做计划的习惯，没有时间观念。员工存在惰性，不会自我调整心态，放任自己。员工不懂得及时向领导或同事寻求帮助。

同时，管理者在管理过程中也存在一些问题。管理者给员工安排工作，但没有确定工作完成的时间，没设置工作节点。管理者没有时时跟进，没有在工作节点上时时监督员工的完成情况。管理者没有及时调节员工的情绪。

做好详细的工作计划

列目标。时间管理的目的是让员工用最短的时间实现更多目标。例如：管理者可以要求员工把必须达到的目标列出来，从这些目标当中找出核心目标，并按照目标的重要性进行排序，并一一完成。

制订详细计划。为了完成这些目标，管理者需要制订详细的计划，并结合日程计划，做一个工作事项清单，知道每天必须完成的任务。例如：管理者希望 9 月团队创收 50 万元，那员工就要按照这个目标给这个任务制订计划。

会做计划，会安排时间的员工效率高

收集资料，完善计划

在明确了工作目标后，下一步就是收集资料，找到完成计划需要的资源，然后制订符合 SMART 原则的计划。在 SMART 原则中 S 代表具体的（Specific），M 代表可度量的（Measurable），A 代表可实现的（Attainable），R 代表相关性的（Relevant），T 代表有时间限制的（Time-bound）。根据 SMART 原则初步制订几个草案，如下表所示。

步骤	内容	酒店经理 9 月目标范例
目标是什么	要实现的目标	增加入住的人数，提高酒店的利润
达到什么样的程度	达到什么样的质量，状态和情况	入住人数突破 2000，利润达到 100 万元

如何帮助员工做好计划和时间管理

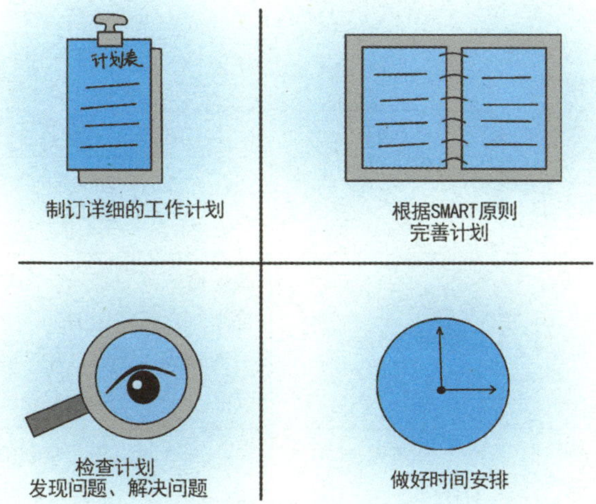

步骤	内容	酒店经理 9 月目标范例
怎么做	为了完成目标，要采取的方法、步骤和措施	改善服务质量和入住环境将入住率提高 5 个百分点；举办特色活动，吸引人员入住，将入住率提高 15 个百分点；在西部地区新开一家分店
是否已经达到了既定的目标	结果是不是要实现的目标	第一步达成，第二步和第三步正在进行。利润已有 30 万元
什么时候完成	完成目标的期限和每步计划所需的时间	第一步争取在月初完成，第二步和第三步争取在月中完成
目标是什么	要实现的目标	增加入住的人数，提高酒店的利润

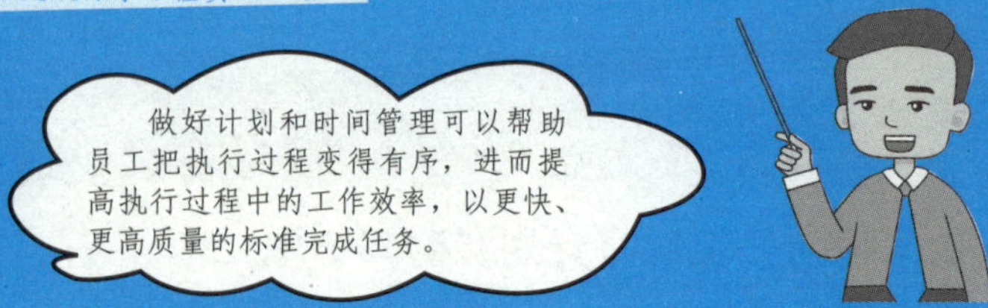

（续表）

步骤	内容	酒店经理9月目标范例
达到什么样的程度	达到什么样的质量，状态和情况	入住人数突破2000，利润达到100万元
怎么做	为了完成目标，要采取的方法、步骤和措施	改善服务质量和入住环境将入住率提高5个百分点；举办特色活动，吸引人员入住，将入住率提高15个百分点；在西部地区新开一家分店
是否已经达到了既定的目标	结果是不是要实现的目标	第一步达成，第二步和第三步正在进行。利润已有30万元
什么时候完成	完成目标的期限和每步计划所需的时间	第一步争取在月初完成，第二步和第三步争取在月中完成

检查计划，发现问题、解决问题

计划初步完成后，只是一个草案，为了进一步完善计划，确定计划的可执行性，管理者还需要仔细检查计划，列出实现计划会遇到的所有问题。可以让员工参与这个过程，听取他们的建议和在执行计划中遇到的问题。找到问题后，就要找到相应的解决方法，完善计划。

计划确定，做好时间安排

通过交流和检查，确定最终的计划并将之书面化，然后开始实施。在

实施计划过程中要根据实际情况检查和调整计划，让计划更加符合实际情况，能更好地通过计划完成任务。在做好了计划后，针对每天要完成的任务进行时间规划和管理。我们可以用每日工作记录表进行时间管理，如下表所示。

每日工作记录表

姓名：____年____月____日

工作	开始时间	结束时间	计划完成进度	重要事件	一天评语

当然，除了工作记录表这个方法，还可以用每天记日记这样的方法对自己的时间进行管理，或者将自己每天必须做哪些事情（具体事情和具体完成时间）写在便签上，贴在自己办公桌醒目的位置，时刻提醒自己。

08 战胜拖延，立即行动

章小万和小鑫要一起成交一个客户。他们经过商讨，制订了一份工作计划。下午，当章小万按照计划开始工作时，却发现小鑫还在办公室瞎晃悠，就问：“小鑫，你准备什么时候做？”小鑫满不在乎地说：“反正计划已经做好了，什么时候做不都一样！”

制订了计划而不执行，再详细的计划也是“纸上谈兵”。很多新生代员工在制订计划的时候斗志昂扬、信心满满，但是最后没按照计划行动。导致这种结果，不是因为个人能力不足，而是因为他们战胜不了“拖延症”。

拖延症隶属心理疾病范畴，但诸多研究表明它可能具有一定的生理学基础。大脑中负责执行的区域位于大脑前额。当这个区域的功能受损或不活跃的时候，大脑排除干扰事物的能力就会降低，注意力也会严重受到影响。

心理学家认为，知道“有一件重要任务在等着自己去完成”，很容易让人产生一种焦虑感，不仅如此，想象任务结束后可能产生的结果也会让

人感到紧张不安。因此，人们就会通过回避、否认或转移注意力的方式逃避这种焦虑感。这种心理症状无疑会影响员工的执行力和工作效率。从职场心理学上讲，拖延症需要职场人建立良好的工作习惯来克服，让工作自动化起来。通常导致“拖延症”的原因如下。

工作本身的问题。工作的难易程度会影响员工拖延行为的发生。工作越复杂，员工越会畏惧，越会导致工作拖延。尤其当员工认为这项工作已经超出自己的能力时，由于缺乏对成功的控制感，通常会采用拖延的方式推迟或逃避执行该项任务。

不够自信，喜欢逃避。从心理层面分析，工作上曾遭遇过重大挫败，对自己不够自信的人，容易产生逃避心理。他们害怕再次遭遇失败，甚至不敢做自己能做好的事，导致任务不断被推迟。

完美主义，要求过高。消极完美主义倾向与拖延存在正相关。积极完美主义者会积极寻找方法完成任务以达到目标，而消极完美主义者更多通过拖延逃避失败。这类员工希望能把工作做到最好，总觉得计划做得不够

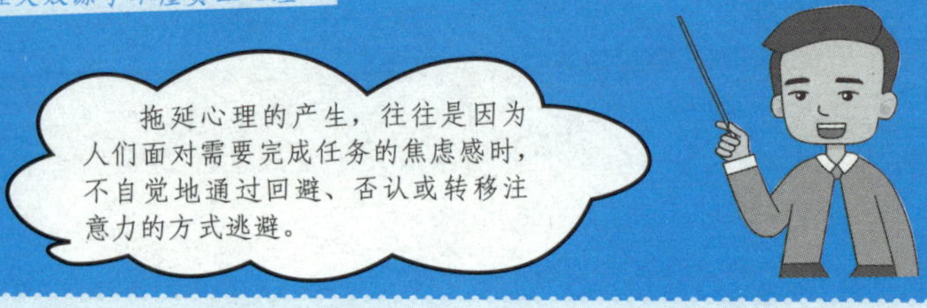

完美，迟迟不肯迈出第一步。

自我设阻。往往被拖延的工作是员工比较厌烦或者难度较高的工作，这类工作需要耗费员工大量的时间和精力。员工从事这类工作时，很容易因为一些外界刺激因素推迟开始工作的时间，在执行工作的过程中，也更容易中断该工作而进行其他活动，并不断地推迟该工作的继续。

消极情绪。员工在工作中前怕狼后怕虎的消极情绪控制自己的活动能力，使自己的工作积极性不高，效率低下。在这种情况下，根本无法集中精力，以致工作不能按时完成。

制定时间管理矩阵，明确事情的轻重缓急

往往工作效率高，没有拖延症的人对那些无足轻重的事情无动于衷，而对重要的事情非常投入。工作和学习一样，需要讲究方法，要明确轻重缓急。只有这样才能一步步、有条理地完成工作任务，才能有效避免拖延。而这就需要员工根据自己的任务特点，做一个时间管理矩阵。

专心工作，屏蔽不必要的干扰

很多时候，员工之所以把事情拖到最后，是因为在工作中遇到了很多干扰事项。例如：手机屏幕突然弹出的微信消息，上班期间朋友打来的电话等。为了防止这些事情干扰自己的工作，可以尽量减少翻看手机的频率，如果不是紧急的电话，告知对方下班之后再回过去。

自我施压，不找借口

人最擅长的事情就是宽恕自己，尤其在时间方面。例如：上午一直玩

如何帮助员工战胜拖延、立即行动

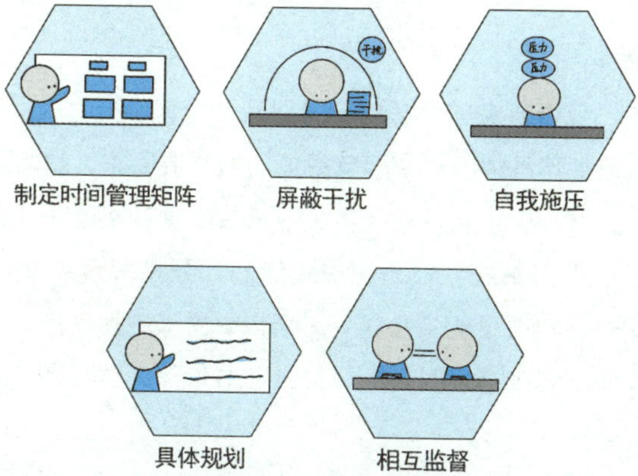

手机，到下午快下班的时候，还剩一半的任务没有完成，他们可能会安慰自己：“没事，还有一个小时，不行就加班。”往往这样的想法会让员工无限制地拖延工作。为此，要培养员工的时间观念，不要留给自己太多的时间，如一天的工作任务，规定自己在下班前两个小时完成。这样就会给自己一种紧迫感，自然会认真地完成工作。

互相监督，避免拖延

自我管理对员工来说是一件很困难的事情，管理者可以让员工之间互相监督管理。如将两人分成一个小组，相互监督，跟进对方的工作进度。这样既能避免拖延，又能增进员工之间的感情。

制订具体、可执行的计划

计划如果不具体、可执行，必然会造成拖延症。举个例子，如果你的

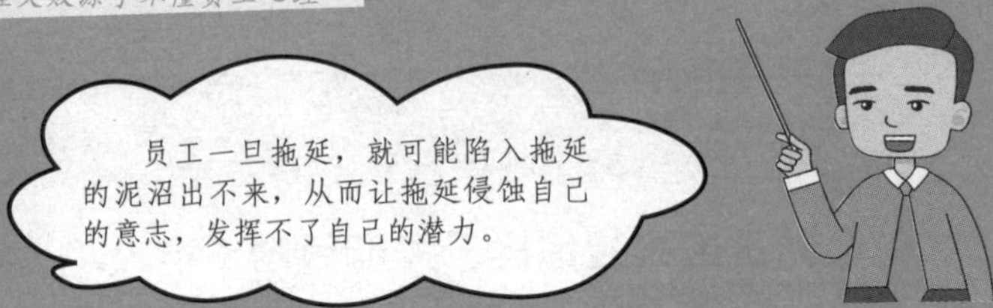

减肥计划是“我想要完美的身材，所以我要少吃点儿”。这看上去的确是一个计划，但是不具体。这中间有很多问题需要回答，如体重达到多少是你要的完美身材？少吃点儿是吃多少？只减少食量不运动会有效果吗？这些问题并没有得以解决。但是，如果你的计划是每天早上六点半起床跑步，那么这个计划很可能会被执行。所以要想战胜拖延症，立即行动，计划一定要具体且可执行。例如：规定自己上午几点到几点，必须完成哪项工作。

第 9 章

激励管理心理学——有效激励，人人都是干将

01 你的团队需要激励哪种人

章小万为了做出一份别出心裁的项目设计方案，苦熬了好几个晚上。周总看到策划方案后只说“不错”，没有更多表示。章小万心想：为了这个方案我费了那么多心思，周总连句夸奖都没有，我还不如随便弄弄蒙混过去呢，下次再也不这么费劲了。

人本身就有很大的惰性，很多时候需要受到外界事物的刺激，才能激发内在潜能。同样，在工作中更是如此。美国哈佛大学教授威廉·詹姆斯曾做过与此相关的研究，发现在缺乏激励的环境中，人的潜能只能发挥出20%～30%，如果受到充分的激励，他们的潜能可发挥出80%～90%。这项研究说明，员工需要激励才能在工作中发挥自己最大的潜能。

在管理心理学中，将这种激励称为“激励理论”。所谓的激励理论是指通过特定的方法与管理体系，将员工对组织及工作的承诺最大化的过程。该理论是关于如何满足人的各种需求、调动人的积极性的原则和方法的概括总结。如果能将这个理论运用到实际的工作中，将会充分调动员工的积极性和创造力，发挥员工最大的潜能，实现团队效益最大化。

但是，当下很多管理者并不懂得如何使用“激励理论”，更不知道什么样的员工需要激励。例如：周总在章小万取得了优秀的成绩后，并没有任何表示。这无疑会让章小万对领导失去信心，她下次再也不会如此卖力工作了。

对管理者而言，不仅要学会采取激励理论激发团队员工的潜能，而且要对团队员工深入了解，知道需要激励哪种人，并且根据不同类型的员工采取不同类型的激励方式，力争做到人尽其才。

激励善于创新的人

创新力强的员工，在遇到困难时不会故步自封，而是想着如何使用新的方式解决当下的问题。通常情况下，善于创新的人，想法比较多，在平时的工作中具有高度的自觉性和独立性。面对这种员工，管理者要鼓励他们提出创新的想法和建议，并积极采纳员工的意见。

你的团队需要激励哪种人

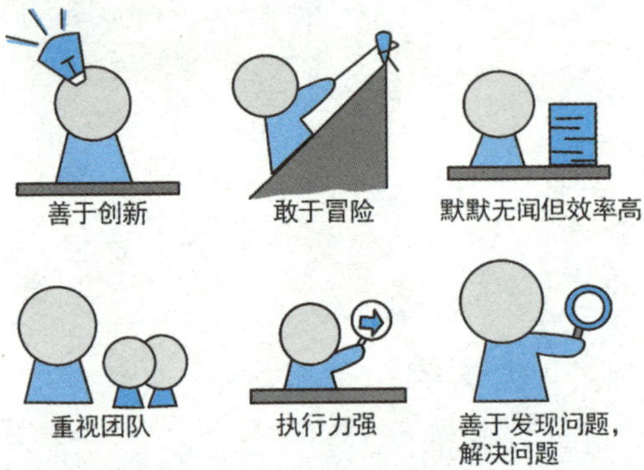

但是这里需要管理者注意是，新生代员工的想法多，并不是所有的创新点都对团队发展有用。管理者需要就目前的具体事情以及未来团队的发展状况，对员工提出的意见进行综合评估，不采纳不符合团队发展的意见。但是，切忌武断否认员工的想法。管理者需要向员工详细说明不能采纳的原因，并对员工敢于创新的精神给予表扬，鼓励员工以后继续发扬这种精神。

激励敢于冒险的人

敢于冒险的员工，在遇到新鲜或困难的事情时会鼓起勇气尝试。通常情况下，敢于冒险的人，意志坚强，无所畏惧，遇事能够掌握先机，先发制人。面对这样的员工，管理者需要做的是给予极大的支持和帮助，提升员工的积极性。

但是，既然是“冒险”也就意味着事情存在很大的不确定性，随时都有可能遭遇失败。因此，对这种员工，管理者需要时刻关注员工的动态，

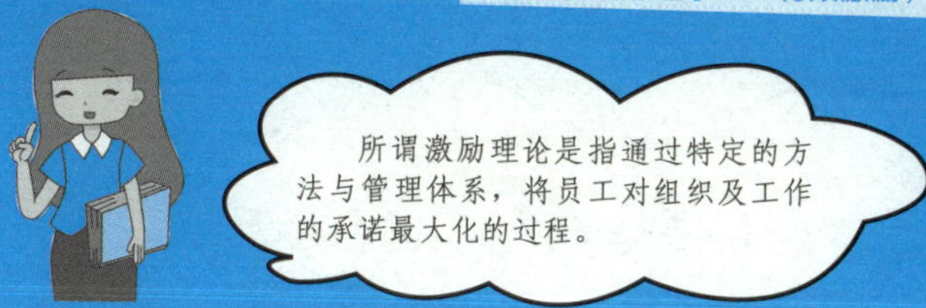

以便及时给予员工帮助。避免员工因为失败受挫，失去勇气和敢于冒险的精神。

激励默默无闻但是效率高的人

默默无闻但是效率很高的人，遇到事情的时候喜欢独立思考，认真、高质量地完成自己的工作。通常情况下，这种人不喜欢与别人交流，性格比较孤僻、独立，工作的态度极其认真、负责。但是这种员工由于不活跃，容易被领导忽视。

因此，要想激励他们，管理者就要给出比一般人更多的关注。例如：在员工出色地完成某项工作的时候，管理者要给予员工口头奖励。在安排任务的时候，对员工说“我相信以你的能力一定能高效且完美地完成这项工作。”

激励忠于团队、重视团队的人

忠于团队、重视团队的员工，做任何事情的时候都会首先考虑团队的利益。通常情况下，这种人的团队意识强，做事认真负责，有大局观，眼光比较长远，对团队有强烈的归属感。面对这种人，管理者需要让他们在团队中找到存在感和归属感。例如：管理者在安排任务的时候，可以将团队成员划分成若干小组，并让这类员工担任小组组长，发挥他们的潜能。

激励执行力强的人

执行力强的人，会在接到工作安排的第一时间，制订工作计划并有效

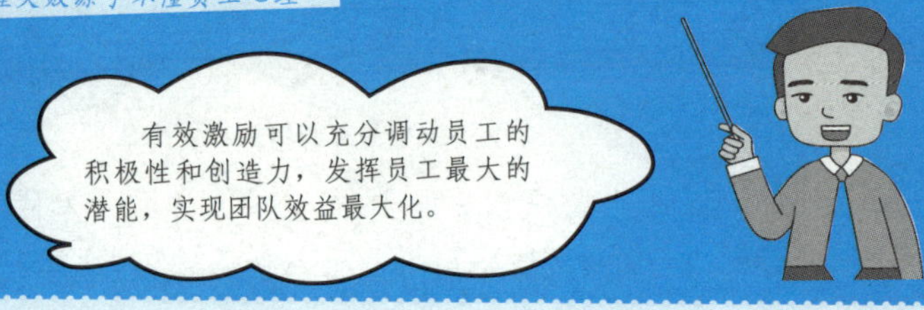

落实。通常情况下，这种人的时间观念比较强，自控力强，乐于学习新知识，对工作投入。面对这种人，管理者需要做的是给员工创造良好的环境，让他能够不受外界干扰，全心投入工作，并在员工执行计划遇到困难的时候及时给予帮助。

激励善于发现问题，并彻底解决问题的人

善于发现问题，并彻底解决问题的员工，在工作中遇到任何问题的时候，都积极思考，并争取解决问题而不是出现问题就直接将问题抛给上级领导。在遇到自己不能解决的问题或者不能确定解决方案是否可行时，会第一时间上报管理者。一般会提供 1 ~ 2 个解决方案，供管理者参考。

通常情况下，这种人的洞察力强，善于思考，遇事沉着冷静。面对这种人，管理者需要在其解决某个问题后，给予物质或精神上的激励。

一定要避开的激励雷区 02

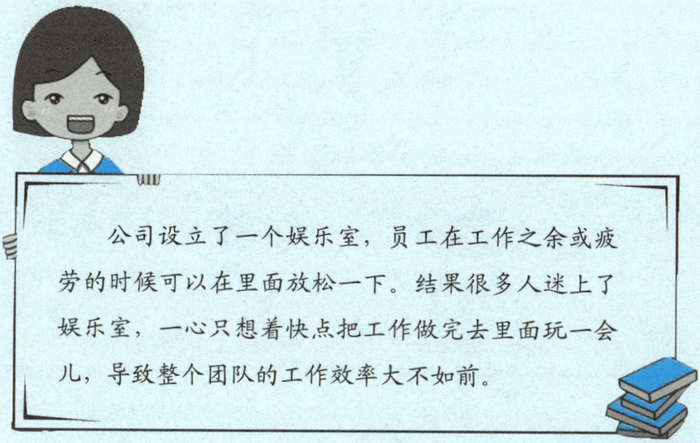

团队激励是管理者为了提高员工工作的积极性，为团队创造利益的一种管理方式。但多数管理者对“激励理论”的认识还停留在表面，没有仔细、深入地研究激励的方法和手段。结果在运用该理论的时候，触碰了激励的雷区，使得本该使团队进步的手段，反而成了制约发展的因素。为了避免这种情况，管理者一定要避开以下几种激励雷区。

雷区一：单纯的物质激励

心理学研究发现，单纯的物质激励只能给员工带来短暂的快乐和动力。例如：刚开始的时候员工拿到奖金会很兴奋，但是多拿几次之后，员工就会习以为常。这个时候奖金就失去了激励作用，而且一旦其他企业拿出更高的物质奖励，员工很可能选择跳槽。

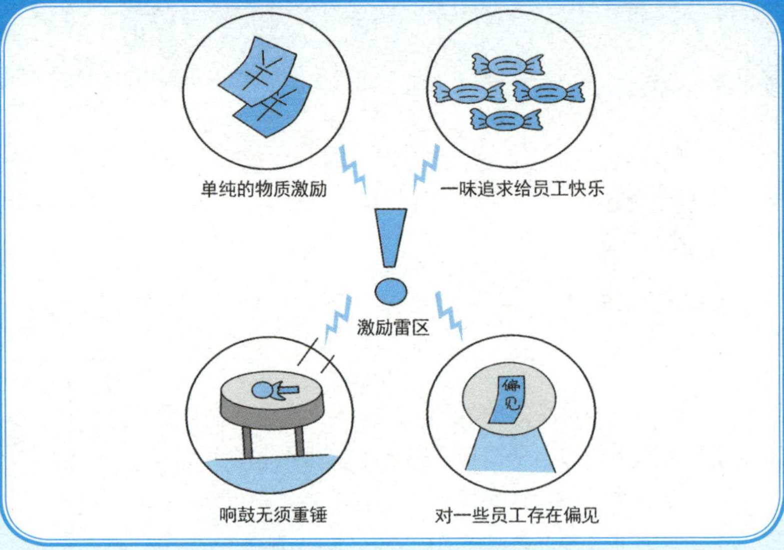

雷区二：一味追求给员工快乐

多数管理者认为，让员工时刻保持愉悦的心情，就能持续不断地产生工作的动力。因此，管理者会想方设法采取一些可以让员工心情愉快的措施，如设立娱乐室。但是员工会因为这些娱乐设施而草草完成工作，因此不但没有激励，反而造成工作效率和质量下降。

雷区三：对一些员工存在偏见

管理者在进行激励的时候，通常会对自己看好的员工进行激励，而对那些自己并不看好的员工很少进行激励。这样做必然会引发其他员工的不满，致使团队的执行力下降，团队关系不和谐。

雷区四：响鼓无须重锤

多数管理者认为，优秀的员工本身就具备某种能力或某方面的潜质，

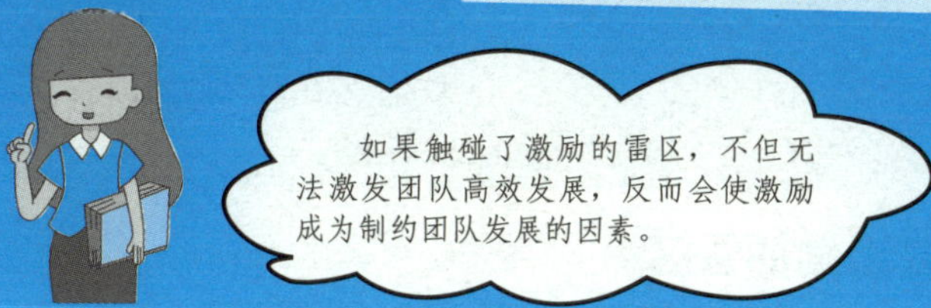

无须给予太多的激励。而本身能力不足的员工或者没有动力的员工，即便给予他们再多的激励也无济于事。

定人：确定激励对象

并非所有的员工都需要激励，需要激励的员工一般分为 3 种：做出了优秀成绩的员工；失去了工作动力的员工和工作上遭受强烈挫败感的员工。

管理者需要注意的是，在确定激励对象的时候，不能存在任何偏见。一旦确定了激励对象，就要“对事不对人”，实施相应的激励措施。

定方式：确定激励的方式

激励的对象不同，激励的方式也不相同。例如：激励优秀员工可以采取奖金激励、股权激励等；而面对因为工作失败一蹶不振的员工，可能几句安慰、鼓励的话语或一张小纸条、一份小礼物，更具备激励性。

定量：确定激励额度

实施激励时，企业一般免不了开支。例如：奖金激励或者礼物激励等。因此，管理者要根据激励的对象不同、方式不同，确定合理的激励额度。例如：对工作优秀的人奖励 400 元，但是对没有工作动力的人给了一份价值 500 元的礼物，这个激励额度显然是不合理的。不但不会激励二者，反而会让二者之间产生矛盾。

定时机：确定激励的时间

在不同的时间进行激励，往往会产生不同的结果。例如：员工工作取

如何避开激励的雷区

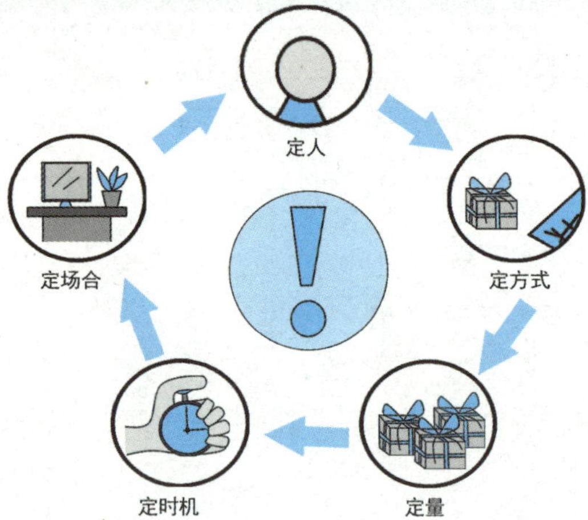

得优秀的成绩，管理者应立刻采取激励措施，让员工在第一时间就能享受成就感，继续保持工作的积极性。但是在这种情况下，如果管理者过了半个月或一个月再给予激励，效果就会大幅度减弱甚至没有效果，从而无法起到激励的作用。

定场合：确定激励的场合

在不同的场合进行激励，会有不同的效果。例如：对成绩优秀的员工，管理者一定要在公开场合进行激励，而对工作失败者一定要悄悄激励。如果管理者对成绩优秀的员工悄悄激励，一方面员工没有优越感，会失去动力；另一方面对其他员工也起不到激励的作用。而对工作失败的员工采取公开激励的方式，显然会打击员工的自尊心。因此，管理者在进行激励的时候，要根据激励对象确定激励的时间和场合。

找到不同员工的“泪点” 03

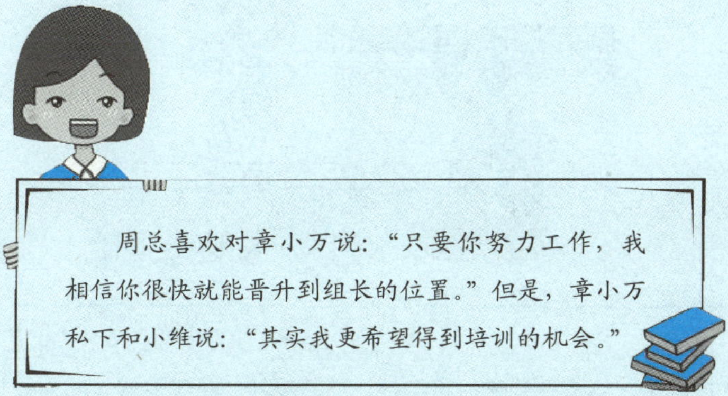

事实上，多数管理者的激励方式对员工的有效程度是无法确定的，而造成这种激励方式的有效程度不稳定的原因是，管理或许能避开激励雷区，但是无法针对员工的“泪点”进行有效激励。

所谓的“泪点”，是指某个人或者某件事能够直击一个人的心。通常情况下“泪点”是隐藏在内心深处，很少有人表现出来的。所以，人们常说突然被某件事“戳中泪点”。而戳中泪点的心理活动，是指某件事与人们内心深处的想法产生共鸣，刚好通过这件事，“泪点”被挖掘出来。一旦人们的“泪点”暴露出来，自然会发现“泪点”后面潜藏的需求和动机。

所以说，在团队管理中，只有找到了员工的“泪点”，管理者才能有针对性地采取合适的激励方式，满足员工的内心需要。如果管理者不了解员工的“泪点”，就无法给出员工最想要的激励。例如：有些员工想要更多的钱，有些员工想要荣誉，有些员工想要带薪假期。如果管理者不了解

员工的需求，给需要荣誉的员工钱，给需要钱的员工放假，给需要放假的员工荣誉，自然无法戳中员工的“泪点”。一旦员工没有得到自己想要的，这些激励显然是徒劳。

普通员工的“泪点”：生存和安全需要

在马斯洛需求层次理论中，普通员工的需求主要表现在生理需求层次和安全需求层次上。因为普通员工工作繁重、辛苦，安稳地生存下去对他们来说是最关键的。所以，普通员工的“泪点”就集中在生存需求方面。例如：薪水、健康的工作环境、其他相关福利、职位保障等。为此，管理者针对有这种“泪点”的员工需要采取以下措施。

工作时间。避免工作时间过长而影响员工休息。

福利设备。给员工工作报酬之外更好的福利，如带薪假期、奖励旅游、女职工的例假假期等。

五险一金。给员工更好的保障。

不同员工的“泪点”分别是什么

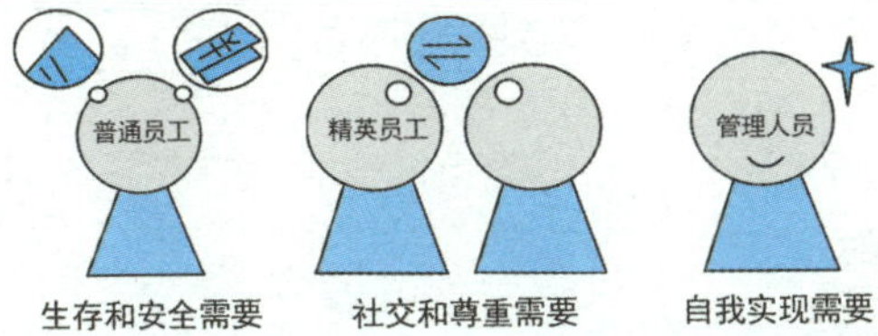

精英员工的“泪点”：社交和尊重需要

精英员工一般已经实现了马斯洛需求层次的生理需求和安全需求，下一步他们追求的必然是社交需求和尊重需求。他们希望与团队成员建立友好的人际关系，并希望得到他们的认可。因此，管理者针对有这种“泪点”的员工，需要采取以下措施。

股权奖励。给予他们一定的股权，让他们对团队更有归属感。

晋升奖励。让员工看见自己的成长，给予员工成就感。

团队活动制度。定期组织团队活动，满足员工的人际关系需求。

管理人员的“泪点”：自我实现需要

自我实现需求是马斯洛需求层次理论的最高层，也是人们最大的追求。一般这种需求是低级或中级管理者的“泪点”。他们希望能够在团队中发挥自己的长处，做一些具有挑战性的工作。管理者针对有这种“泪点”的员工，需要采取如下措施。

构建平台。管理者可以给这些低级或中级管理人员一个发展的平台，给他们充分授权，让他们实现心中的抱负。例如：给他们一定的权力，让他们可以带领团队做一些其他事情，如海尔为员工搭建的平台。

决策参与。让员工参与到团队的决策中，找到“主人翁”的感觉。

04 新生代员工要怎样激励

下班的时候，周总听到小维和小鑫在聊天。小鑫说："虽然我毕业不久，还只处在让自己吃饱穿暖的阶段，可是我宁愿少拿点工资，也不想因为工作把自己搞得很累，连享受生活的时间都没有了！"

伴随着新生代员工不断涌入职场，对新生代员工管理的重要性也日益突显。新生代员工的追求更广泛，且个性化，简单的薪酬或者传统的奖励方式，已经不足以激励他们努力工作。

从心理学角度看，所谓的激励是持续激发心理动机的一个过程。人需要激发动机，而动机支配行为。也就是管理者要激发员工的动机，就必须满足员工的需要。激励心理学在管理工作中的作用是，利用激励方式，调动员工的积极性和创造力，激发员工的潜能，让被动管理转化成主动管理，从而增强团队的竞争力和向心力，提高团队的绩效。

激励新生代员工，首先必须了解新生代员工的特点，并从这些特点中发掘其需求。一般情况下，新生代员工有以下特点。

比较自我，个性张扬，追求自我价值。

爱创新，敢冒险。

有强烈的表现欲。

追求平等，喜欢平等友好的沟通方式，厌恶传统的说教和严格的管理制度。

追求情感享受。

心理素质和抗压能力较差。

情绪容易波动，缺乏团队意识。

温暖关怀，满足情感需求

由于新生代员工比较重视情感，管理者可以通过给予新生代员工更多的关注，实现情感上的激励。关注的方式很简单，如员工买了一件新衣服或换了一个发型，可以适度赞美两句，或对员工每天的工作状态以及完成工作的结果进行点评等。

如何有效激励新生代员工

让员工快乐地工作

新生代员工更喜欢追求有趣的工作，并且喜欢以组队的形式与队友协作完成工作，这也是新生代员工喜欢玩游戏的原因。《英雄联盟》守望先锋》《绝地求生》等游戏最大的特点就是玩家通过组队进行竞争，最终决出胜利者。因此，管理者也可以采取这种方式激励员工。例如：对新生代员工进行分组，小组之间竞争排名，对排名第一的小组进行奖励等。

让员工充分展示自我

新生代员工是有想法并且喜欢表达自己想法的一代人，因此，管理者需要给他们一个展示的机会，满足他们的这种需求，进而激励他们努力工作。例如：了解员工的想法，为其搭建他们想要的平台。但是，需要注意的是，表现优秀的员工才能通过平台展示自己，因为机会只留给有准备

的人。

给员工更多自由的空间

新生代员工喜欢自由，不喜欢受约束，这种约束本身限制了他们潜能的发挥。因此，为了满足他们对“自由”的需求，管理者需要采取适当的激励方式，给予员工“自由”。

时间自由。采取弹性工作制，员工可以根据自己的工作任务，安排时间。前提是要保证自己完成工作，并确保工作质量。

自主选择。管理者可以根据工作任务的性质，将工作划分为不同的类别，员工可以根据自己的能力和兴趣，自主选择工作任务。

05 怎么给钱才能有效激励员工

章小万说："不知道为什么，以前周总发奖金的时候我还挺兴奋的，现在一点儿感觉也没有了。"小维和小鑫赞同地点了点头。

众所周知，在美国心理学家马斯洛的人类需求层次理论中，生理需要被排在了第一位。也就是说只有这一层需求得到满足后，人们才能追求更高层次的需求满足。而这一层次的需求在企业中的体现就是物质需求——薪酬，即我们通常所说的金钱。

心理学家曾经做过金钱心理学研究，研究发现金钱所带来的并不仅仅是物质，其真正的价值是满足了人们心理上的某种需求。例如：安全感、权力、自尊和自由。一旦这些心理需求得到满足，就会对人们产生激励，从而支配人们的行为。所以说，金钱具有强大的激励作用，能激发人们的动力和创造力。但是，很多管理者为了激励员工，采取了金钱的激励方式。例如：发奖金。但是，一段时间后，发现激励效果并不明显。

造成这种情况的原因主要有两个方面。

新鲜感下降。一件事物对人的吸引力会随着时间的推移逐渐呈现下降

趋势，也就是我们常说的新鲜感下降。一旦新鲜感消失，员工对金钱激励就没有太大的兴趣，激励效果会大大减弱。

方式不对。管理者在使用金钱激励的时候，经常会用一些错误的方式和方法。例如：员工做得好就直接将钱打到员工的账户上，只是简单说明工作表现很好。这样做自然无法起到激励作用。

对赌式激励

所谓的对赌式激励就是管理者通过和员工打赌的方式进行的一种激励。例如：管理者和员工打赌说："如果你这个月能做到 10 万元的销售成绩，我就奖励你 5000 元。如果没有达到，要给办公室的绿植浇一个月的水。"通过这种方式，能够有效刺激员工不服输的心理，并刺激其发挥自身的潜能。对赌式激励的实施一般分为以下几个步骤。

第一步：确定目标。在打赌之前，首先需要定好赌注的目标。例如：10 万元的销售成绩，完成多少工作量等。

第二步：确定目标期限。即达成目标的时间，如一周内、半个月内、一个月内等。

怎么给钱才能有效激励员工

对赌式激励

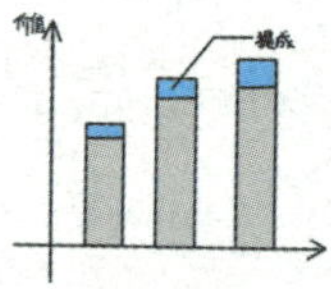

提成式激励

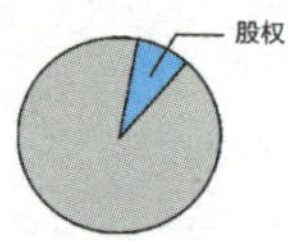

股权激励

第三步：确定投入的"赌注"。即打赌双方需要付出的东西。例如：管理者的赌注一般都是奖金或带薪假期。这里要确定具体的赌注，如 5000 元奖金，两天带薪假期等。

第四步：确定达到目标后的奖励规则。当员工达成目标时，管理者要明确如何给他奖励，以怎样的方式给他奖金。

第五步：确定未达到目标的惩罚规则。当员工未达到目标时，要确定员工需要接受的惩罚，惩罚的方式等。

提成制激励

固定式提成。即按照固定抽成的方式进行提成。例如：员工可以拿到做出业绩的 10% 的提成，当他做出 10 万元的销售成绩，能拿到 1 万元的提成。

阶梯式提成。即按照阶梯分类进行提成。例如：每 5 万元的业绩一个阶梯，员工做出 5 万元之内的业绩可以拿到 1000 元提成，员工做出 5 万元以上 10 万元以下的业绩可以拿到 2000 元提成。

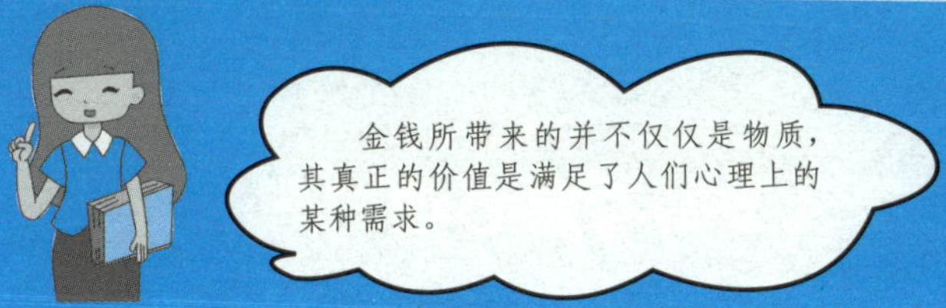

条件式提成。一般是按照回款率进行提成。例如：员工拿下了一个 10 万元的客户，公司理应入账 10 万元，但是客户只给了 5 万元，剩下 5 万元一直没给，那么回款率就是 50%，这个时候员工只能拿到 50% 的提成，如 1 万元的提成只能拿到 5000 元。

按产品分类提成。即根据不同的产品进行不同的提成分类。有些产品价格比较高，比较难销售，这类产品往往提成就要高。而那些价格比较低且容易销售的产品，提成往往也比较低。

按客户分类提成。一般来说是根据新老客户进行提成。例如：有些企业注重发展新客户，因此签约新客户的提成高，而有些企业注重回头客，因此能让老客户再来光顾的提成比较高。具体根据企业和产品的性质确定提成。

按来源分类提成。根据销售成绩的来源进行分类，也就是根据来源难度高低分配。销售成绩来源难度越高，提成就越高。例如：某个员工做出了 10 万元的业绩，而他做出业绩的区域，很难产出 10 万元业绩的客户，因此，该员工的提成就应该相应地提高一些。

股权激励

股权激励是指通过附加条件，给员工部分股东权益，激励员工的一种方法。一般情况下，股权激励分为两种，分别是合伙人形式和购买形式。

合伙人形式。即给员工一定的干股，员工只享受红利提成而没有企业的决定权。

购买形式。根据员工的表现，给员工可以购买股份的资格，购买之后员工不仅享受分红，还根据股份的大小享有一定的决策权。

06 怎么激励看重心理薪酬的员工

月末，很多人因为拿到了奖金而兴奋，讨论下班后去哪里犒劳自己，只有章小万坐在电脑前一声不吭。周总疑惑地问道：“你最近是不是出了什么事，怎么一脸不开心？”

章小万说：“周总，当初加入团队的时候我就说了，我来这里不只是为了工资，我希望能快速成长，拥有较强的工作能力。但是，一年快过去了，我还是原来的样子，我感觉自己很失败。”

心理薪酬是指员工个人对企业及其工作本身在心理上的一种感受，属于非经济报酬的范围，包括职业安全、自我发展、和谐的工作环境和人际关系、晋升机会，以及地位象征、表扬肯定、荣誉、成就感等。

从广义的角度讲，薪酬是由两种不同性质的内容构成的，包括经济报酬和非经济报酬。经济报酬是指企业付给员工的工资、奖金、各种津贴、福利等外在的报酬；而非经济报酬，主要包括工作保障、身份标志，给员工更富有挑战性的工作、晋升，对突出工作成绩的承认、培训机会，弹性工作时间和优越的办公条件等，是一种内在的报酬。

经济报酬是管理者使用最广泛的一种激励方式，确实能够起到很大的作用。但是这并非对所有员工都有效，并不是所有的员工都只看重经济报酬。在团队管理中，管理者重视员工的心理报酬因素，并用这些因素弥补经济报酬的不足之处，是实现有效激励管理不可缺少的环节。高层次的人才和知识型的员工，不再满足于经济报酬，他们有更高的追求，内在的心理报酬很大程度上左右着他们工作的敬业度和工作绩效。

如果管理者过于看重物质的激励作用而忽视了员工的心理薪酬。不仅不能达到预期的效果，反而会造成负面的影响。例如：给员工造成较大的心理落差，打击员工工作的积极性。

只靠物质激励会减少团队与员工的情感联系，导致管理者的权力和威信大大降低；团队内部很难形成良好的工作氛围和正常的价值观体系等。

荣誉。管理者给员工颁发一些荣誉与头衔，能够很好地激励员工，让员工获得一种优越感和被认可感，可以对员工起到有效的激励作用。荣誉和头衔可以针对员工的工作和表现，如奖励那些不迟到的员工，可以给予一个“全勤王”的头衔。奖励那些做事出色的员工一个“优秀员工”的头

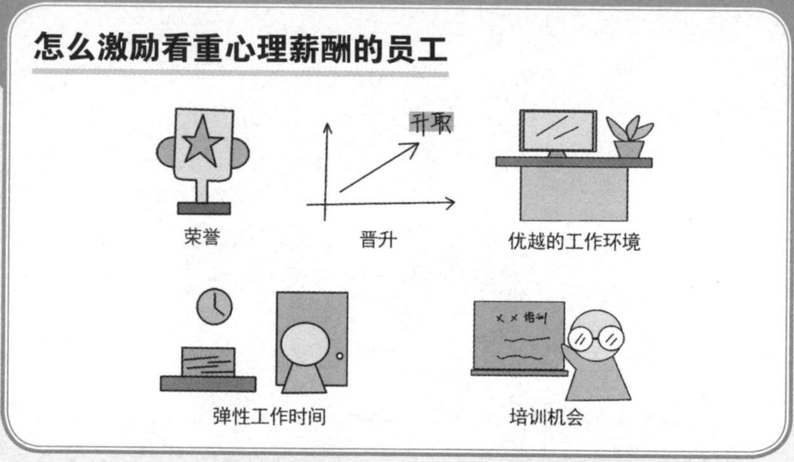

衔等，再颁发一些荣誉证书，就能对员工起到很好的激励作用。

晋升。有些员工比较看重职位的提升，对这类员工，管理者可以帮助他们做好职业规划，指明努力的方向和渠道，当他们通过自己的努力具备了更高职位的岗位要求时，管理者需要及时提拔，让他们获得满足感和成就感。

提供优越的办公条件。优越的办公条件能够给这类员工在枯燥、繁重的工作中带去好心情，对这类看重办公条件的员工，管理者可以给他们改变办公条件的权力。

弹性的工作时间。新生代的员工尤其是90后，他们思维活跃、不愿受拘束，不喜欢朝九晚五式的工作时间，他们追求灵活的工作模式。管理者可以和这类员工协商，只要能保证工作的进度并且确保工作的成效，就给他们一定程度上的自主安排时间的权力。

培训机会。有些员工不在意经济薪酬，在意的是工作中有没有学习的时间，有没有更多的发展机会。对这类员工，管理者可以给他们提供更多的培训机会，让他们接触更多的知识，尽可能地为他们创造发展的环境。

激励员工也要花样百出 07

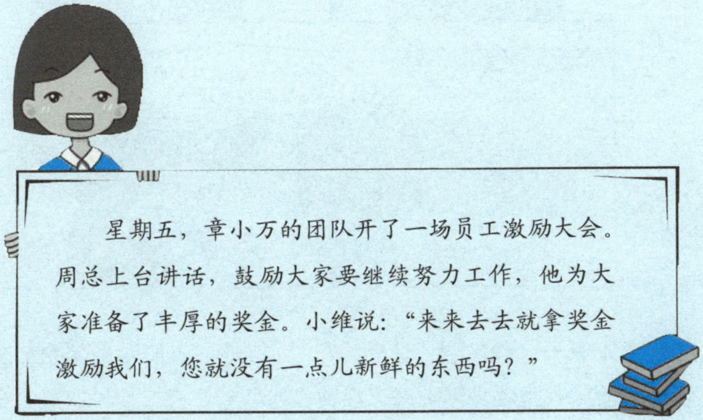

几乎每个团队的管理者都知道激励员工的重要性。但是很多团队管理者发现那些常规的激励方式已经不能引起员工的兴趣了。

一名优秀的管理者，不仅要知道及时激励员工，也要知道激励员工的方式花样百出才行。而在一些成功的企业中，它们就有一些新颖的激励员工的方式，值得我们学习。例如：某企业设置“婚姻介绍所”。管理者把团队中的未婚员工的个人信息放置在门户网站的“婚姻介绍所”模块。企业会为有意愿的双方安排约会见面。

认知神经学家研究指出，喜新厌旧是人类的本能。新事物作用于我们大脑的方式与奖励相同，能激活大脑的奖励机制，指示我们去冒险、探索或学习新的东西。

心理学上有一个现象叫“情感适应”。它是指人们对某事物的感觉或情感会随着时间的推移慢慢减弱，那种最初的新奇感或愉悦感最终会回归到正常水平，或比正常水平略低一些。例如：公司新推出的激励方式，员工会觉得很新奇，会想尝试努力获取这项奖励，但一段时间后，大家通过努力获取了这项奖励，这种激励方式就不能再引起员工的兴趣，变得索然无味。

不同的员工有不同的性格和心理差异，每位员工对工作带来的利益也有不同的看法。对不同情境、不同对象，激励的效果是有差异的，盲目效仿或一视同仁的激励措施，往往起不到促进作用，反而会使员工觉得厌烦，给员工心理造成负担，引起员工的心理排斥。不同的员工有不同的需求，如何在充分的工作分析与职位评价的基础上识别员工差异化的需求，并采用灵活的激励方式是实现有效激励的关键。

办公室奥运

在团队中也可以开展团队奥运比赛。例如：针对某项工作，设定完成

激励员工的方式可以有哪些花样

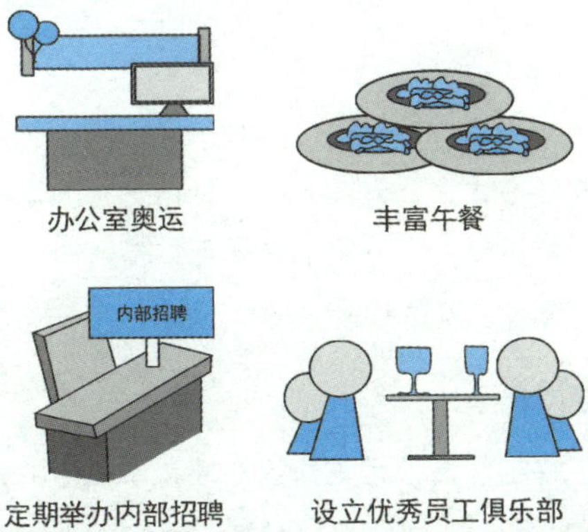

时间和目标，将团队里的员工分成多个小组，让小组之间进行竞争，然后根据小组完成任务的时间长短以及所完成任务的质量对小组进行排名，决出冠军、亚军和季军，最后进行奖励。

丰富的午餐

管理者每个月对员工的工作能力、工作态度和工作成果做一次综合排名，排名前三的员工在接下来的一个月内享有在食堂自主点餐的权力或可以享用厨师的“小食堂”待遇。

设立“优秀员工俱乐部”

在公司内部设立一个“优秀员工俱乐部”，只有在年度考核中被评选为优秀的员工，才有资格进入这个俱乐部。已经是俱乐部成员的员工也会因为在年度考核中表现不好被取消进入俱乐部的资格。俱乐部的成员以及

成员家人会被邀请参加俱乐部举办的各种活动。为了获取这份殊荣，员工会努力工作，工作效率也会提升，为公司创造良好的效益。所以给予员工适度的荣誉也是非常重要的，这样的荣誉可以是一个证书或奖杯，甚至是一个荣誉称号，对员工来说这都是一种肯定。

定期举办内部招聘

管理者应该了解每位员工对工作的追求和在工作中的处境，对有干劲的员工，不能堵塞他们的上进之路。例如：在公司内部设立招聘制度。对那些精力旺盛、干劲十足的人才，不再是让他们被动地等待工作，而是主动给他们施展才能的机会。所以完善的企业内部招聘制度，具有激励作用和榜样的力量。内部选拔能够给员工提供晋升机会，使组织成长与员工成长同步。拥有美好的愿景，容易鼓舞员工的士气，营造积极进取、追求成功的气氛。